森のようちえん的子育てのすすめ

年齢別アドバイスとQ&A

内田幸一

木々が芽吹き、花が咲き、冬眠していた虫や動物が目を覚ます
ポカポカ陽気に誘われて…
子どもと一緒に春を見つけに行きましょう

春

夏

太陽がギラギラと照りつける夏
森でも川でも野原でも、子どもたちは遊びの天才
めいっぱい遊んだ後は、いつのまにか夢の中…

秋の森はとてもにぎやか
赤や黄色に色づく葉っぱ、足元に転がるドングリやクルミ
実りの秋を見て、触って、食べて…大満足！

秋

冬

冷たい氷、積もった雪、一面が銀世界の冬
1年でたくましくなった子どもたち
どんなに寒くても元気いっぱい！ さぁ、出かけよう

まえがき

この本は、森のようちえんの子育て観や考え方をご紹介しながら家庭での子育てにおいてもそれらを役だてていただきたいと願って書いたものです。日ごろの子育ての悩みや戸惑いが少しでも薄らいでくれたらと思っております。

森のようちえんがこれまでにない特別で新しい幼児教育だと思っている人がいるかもしれませんが、それは少し間違ったとらえ方だといえると思います。幼い子どもたちが成長をしていくのに自然の中での生活や活動が有効に機能するので子どもたちを連れ出しているだけです。幼児が成長するためには欠かせない大切なことがいくつかあります。その大切なものは一般的な幼稚園や保育園で大切にしてきたことです。これまでの幼児教育の中で大切にしてきたことは森のようちえんでも同じなのです。

親子関係を一般化して語ることはできません。それぞれの家庭は唯一の関係であるためです。親と子の間で巻き起こることは、そのとき、そのケースの唯一のことです。常に新しいこととの出合いという言い方もできるかもしれません。子育てをワクワク期待に満ちた冒険と考えるか、つらく大変なことと考えるかは、当事者である親の気持ちの感じようによります。相手である子どもからすれば自身の成長のエネルギーをありのままに表に出しているにすぎません。

これまでたくさんの子どもたちに出会えたことが私の宝です。子どもたちは私に多くのことを教えてくれました。子どもの成長を見守る機会に恵まれたことを心から感謝しています。子どもたちは私を一人の素の人間として見てくれます。私もそのとき飾らない自分がいることに気づかされます。私が子どもたちに影響しているのではなく、私がたくさん影響を受けていることを感じますし、学ぶべきことは私にあることを思い知らされます。

この本を通じて子どもたちから教えられたことを少しお返しできたかと思っております。ご一読いただければ幸いです。

内田幸一

森のようちえん的子育てのすすめ　年齢別アドバイスとQ&A…もくじ

親（大人）の悩み　98

第一章 森のようちえんってどんなところ？

●……森のようちえんはどこで生まれたの？

「森のようちえん」「野外保育」といった言葉を初めて耳にする方もいらっしゃると思います。

まずは、森のようちえんについてご紹介します。

「森のようちえん」は世界的に注目されており、日本でも急速な広がりを見せています。その発祥はデンマーク。今から六〇年ほど前のこと、一人の母親が子どもを森に連れていって遊ばせていたのがきっかけだといわれています。始まりは、保護者や市民による自主的な保育活動（自主保育）だったのです。その後、デンマーク、ドイツ、スウェーデンなどヨーロッパ各国に草の根的に広がり、「森のようちえん」という名前も定着していきました。今では欧米はもちろん、日本、韓国などのアジア諸国にも急速に広がっています。

日本でいわゆる「森のようちえん」が普及しだしたのは、ここ一〇～一五年くらいのことです。自然本来のダイナミックさ、子どもたちの笑顔に魅せられ森のようちえんが全国各地で活動しています。私が住む長野県内には、全国最多となる一六もの森のようちえんがあります。いずれも地域色を生かした個性ゆたかな園です。テレビや新聞で紹介されることが増えてきたので、みなさんも目にしたことがあるかと思います。

しかし、ヨーロッパ生まれの森のようちえんが伝わる前から、日本には「野外保育」といえる幼児教育が存在していました。里山と呼ばれる自然が人々の生活のすぐ近くにありましたから、昔は子どもにとって森や野原で過ごすのは当たり前のこと。東京生まれの私でも小さいころには近所の田畑や空き地で、暗くなるまで遊んだものです。

そんななかから「子どもの成長にとっては自然の中で過ごすのがいいのでは？」と感じた保育者たちがそれぞれで始めたのが「野外保育」や「里山保育」です。当時はまだ「森のようちえん」という名前はありませんでした。私が三〇年ほど前に長野県飯綱高原で

「子どもの森幼児教室」を始めたときも、自然を生かした幼児教育を充実させたい気持ちで、自然の中に園舎をつくり、野外保育を行いました。当時は「お山のようちえん」などと呼ばれていました。

つまり、日本には昔から野外保育が全国各地で行われていて、その後「森のようちえん」という名前がそれにつけられたとお考えいただければよいでしょう。近年、加速度的に森のようちえんが誕生していますが、園ごとの特色も千差万別、地域性豊かなのは当然のことなのです。ですから、「定義」と呼べるものがないのも仕方ありません。今の段階で、制度としても学問としても、森のようちえんについて決まっていることは何もないのです。

そこで、ここでは私の個人的な見解による「森のようちえんとは？」というお話をしたいと思います。

●……野外保育＝森のようちえん

第一に、森のようちえんの活動は、森（野外）で行われます。森といっても、日本では里山を中心に活動する場合が多いようです。日々の活動を森で行い、子どもたちはかなりの裁量を任されて自由に遊ぶ。これが森のようちえんの一応の定義です。

園舎をもつ・もたない、季節・天候に関係なく毎日野外で過ごす、ふだんは園舎で過ごして定期的に野外で活動するなど、森に出かける頻度や回数は、それぞれの園ごとに異なります。園の規模もさまざま。一〇人に満たないアットホームな園もあれば、各年齢の園児がそろった、森のようちえんとしては大規模な園もあります。運営主体も母親による自主保育グループ、認可外の個人経営、ＮＰＯ、認可園など多様です。

近年の森のようちえんは、半世紀ほど前から各地で行われていた野外保育の考えとは別に、最近の社会背景によって機運が高まっているのではないかと考えています。経済優先の社会への漠然とした不満感、環境問題や食の安全、放射能の問題など社会から受ける子どもへの悪影響、先行きの見えない社会、子どもたちの未来に対する不安感などが、森のようちえんへの期待に変換されているのではないでしょうか。実際に講演会などで全国のみなさんとお話をしていると、森のようちえんが背負っているものの大きさをひしひしと感じます。

◉……大切なのは自然？——子どもが主人公になる保育

私の考える森のようちえんは、子どもが単に森の中で過ごすだけでいいということではありません。そこに求められるのは「子どもが主人公になる」という考え方です。子どもが自発的に、主体的に、自分で考えて、遊んだり活動したりする、ということです。

周りの大人（保育者）は、子どもが主人公になって遊びをつくりだせるように関わることが大切だと考えています。その際、森は、子どもたちに遊びのきっかけを与えてくれることでしょう。花が咲いていたり、虫や小動物がいたり、棒や葉っぱ、木の実が落ちていたり……。森の多様な自然環境は、どんな子どもであっても主体的に遊ぶ機会を与えてくれます。走り回る子、両手いっぱいの花を摘む子、ジーッと虫を観察する子、木の実でおままごとを始める子……。森の中で子どもたちは、誰に教えられることもなく、自分自身で興味・関心を広げ、遊びを展開していきます。

なかには、どうやって遊んだらいいのか戸惑う子もいます。そういう場合、森のようちえんの保育者は「少し待つ」という選択をします。子どもの中にあるスイッチを自分で押すまで待つのです。何に興味をもつか、いつのタイミングで興味をもつかはその子しだい。「待つ」のはベテランの保育者でもなかなか難しいのですが、森の中には、どの子にとっても何かしら興味の対象となるものがあるので大丈夫。かならず、スイッチを入れるタイミングがやってきます。子どもを信じて待つことこそ、子どもが主人公になるということ。どの子にとっても必ずきっかけがつくれるのは、自然な環境や野外保育ならではといえます。

◉……森、野原、田園…どこでも森のようちえん

森のようちえんといっても、「森」のイメージがなかなかわかない方もいらっしゃるかもしれません。「森」は、保育をする環境をさしています。ですから、大自然である必要はありません。森や林でなくても、川原、海辺、野原……どこでもかまわないのです。「森」がない場合は、緑化された自然公園でも十分。郊外の畑や果樹園、もしくは街路樹のある道を散歩するだけでも立派な「森のようちえん」です。子どもたちは十分に主人公になれるでしょう。

自然の素晴らしさは、何を発見するかわからないという多様な要素がある点です。自然の世界は幅も奥行きも断然に広いのです。毎日同じ場所に通ってもいいし、日替わりで場所を変えてもいい。季節を一番感じられる場所に出かける、季節ごとに訪れて四季の移ろいを肌で感じるなど、頻度にも場所選びにも何一つ決まりはありません。

一方で、自然の中で遊ぶのは危険と考える方もいらっしゃるでしょう。虫に刺されないか、転んでけがをしないか、ねんざや骨折などなど……気にしはじめたらキリがありません。もちろん、保育者たちは危険を予測し、日ごろから十分な安全管理をしています。しかし、森のようちえんではできるだけ禁止をしないのが大前提。危ないと思えることでもある程度は子どもの裁量に任せる。これもまた、森のようちえんの特徴といえるでしょう。そして結果は……。私が携わってきた三十数年間で大きな事故は一件も起きていません。これが事実なのです。

◉……散歩ではたっぷり道草

ふだんの「森のようちえん」では、子どもたちが興味のむくことに熱中し、夢中になっ

て遊べることを最優先に考えます。保育者による働きかけは、自分で気づくためのきっかけにすぎません。

たとえば、散歩ではたっぷりと道草をします。なぜなら、「速く歩く」のではなく「興味・関心を育てる」ことを目的にした散歩だからです。それでも、森のようちえんに通う子どもたちは、よく歩けるようになります。散歩の途中でキョロキョロ、ウロチョロしているうちに、かなりの距離を歩けてしまうんですね。体力をつけようと努力をしなくても、いつの間にか相当の距離を歩ける体力も筋力もついてしまうのです。楽しい気持ちが勝っていると、多少のことでは「疲れた～」と訴えることもありません。

また、活動には、子どもたちが自然の中で感じたことや見つけた素材が取り入れられます。自分の体験が反映されることで、子どもたちはその体験を再認識し、活動への参加意欲が高まることでしょう。どのように盛り込むかは、保育者の役目であり、腕の見せどころとなります。

このように、森のようちえんの保育者たちは、「自ら判断し、主体的に動く」ことを子どもの成長と考えているわけですが、これは、ごく当たり前のこと。森のようちえんが特別なことを目指しているわけではありません。どこの幼稚園・保育園でも目標としている幼児の成長の姿なのです。森のようちえんが、特別な、あるいは特異なスタイルではなく、幼児教育の一つの選択肢・方法であることもあわせてご理解いただけると思います。

コラム

私が見てきた世界の森のようちえん

私が訪れたことのあるドイツと韓国の様子をお話ししようと思います。

ドイツは森のようちえんの先駆的存在です。日本との違いは、公的に認可されているため一般に広く知られていること、そして助成などの財政面で充実していることです。ドイツ国内には今や一〇〇〇カ所以上の森のようちえんがあるといわれています。訪れた園のなかには、車イスを使う子や発達障害の子が参加している例もありました。日本で多くの森のようちえんが取り入れている畑作業など農業の要素は、「農場ようちえん」という別の園が担っていて、森のようちえんは「森」に特化した活動をしていました。また、ドイツでは「公共の森」という考え方が一般的です。森の管理・整備は公が行い、市民なら誰もが自由に行き来できる場所となっています。森のようちえんも州の許可を得て公共の森を使って行われていました。

韓国は、国の制度のなかで森のようちえんが導入されている点に特徴があります。一般的な幼稚園や保育園に「森のようちえんクラス」が併設され、選択する子どもたちが通っています。なかなかの人気で定員はすぐ埋まるようです。数年前からコーディネーターとして関わるようになり、両国で互いに視察や研修を行ってきました。今では五〇〇以上の園で森のようちえんクラスを導入しているそうです。

ドイツ・韓国で訪れた園はいずれも、先生のキャラクターがふんだんに生かされていました。言葉は理解できませんが、子どもとていねいに接する姿、目線を合わせて穏やかに話す様子を見ていると、その子の個性を認め、引きだそうとしているのを感じました。それこそまさに「森のようちえん的考え方」だと共感したのはいうまでもありません。

そして、私がもっとも感じたのは「日本のレベルは高い」ということです。日本では、東洋的な自然観で独自に森のようちえんが発展してきました。自然と生活を結びつけた素朴な活動をベースに一人ひとりの良さを育てようとしています。活動の様子や行っていることにお国柄での違いはありますが、目指しているものは世界共通だと確信できたことが最大の収穫となりました。

第二章 年齢別アドバイス

子どもの育ちをみつめる

◉……森のようちえん的子育て 五つのポイント

年齢別の子どもの育ちについてお話しする前に、ここで「森のようちえん的子育て」の考え方を簡単に整理しておきたいと思います。

以下に「五つのポイント」としてまとめたのは、私が、森のようちえんの子どもたちと日々向き合うなかでとくに大切にしている点です。読んでいただければおわかりになると思いますが、これらは決して特別なことではなく、子育て中の方なら誰もが気にかけていることばかりです。

そしてこれは、森のようちえんが幼児教育において特別な存在ではないことの表れでもあります。森のようちえんは、野外で活動しているなどの点で一般的な幼稚園や保育園と一線を画した存在だと思われがちです。しかし、私たち森のようちえんの保育者は、子どもとの向き合い方、接し方など幼児教育の核の部分では、まったく同じ方向を目指しているのです。森のようちえんは、幼児教育に対立した存在だと解釈されたり、アンチテーゼ的な存在だと考える方もおられますが、どちらも完全な誤解といわざるをえません。

第一章でもお伝えしたとおり、森のようちえんは、子どもにとって有効な幼児教育として誕生しました。ですから森のようちえん的子育ても、ある面では当たり前の幼児教育にすぎないのかもしれません。

森のようちえん的子育て 五つのポイント

一、子どものありのままを受け止める。親の小言や注意はかまわない。親の意図を伝えることも大切な親子の関わり。

一、子どもが遊ぶ機会を存分に設ける。遊ぶなかから主体性が生まれ、やがて自主性、協調性へと成長につながる。

一、体験の機会をできるだけ増やす。興味をもつように誘うことも大切。ただし、成果が表れるまでには時間が必要。

一、子どもに選ぶ機会を与える。すべてのものから選ぶのではなく、選択肢は親の考えで絞り込んでもかまわない。

一、親は自分の感性を信じて、本気で子どもと向き合う。親である自身の身勝手さを感じたときは反省を。失敗しても大丈夫。

二歳は自分開花期

では、年齢別に、二〜五歳の子どもの育ちについてお話ししたいと思います。目の前にいるわが子の「今」を理解することは、森のようちえん的子育てのなかでとても重要です。子どもたちは大丈夫！　成長する力をもっています。お父さん、お母さん、わが子の「今」をしっかりとみつめてください。

子どもに調子を合わせながら

一歳から二歳にかけて、目が離せない時期になります。三歳ころまでは、子育てのなかでも大変な時期の一つといえるかもしれませんね。親御さんにとっても初めての経験で戸惑うことも多いと思います。それでも、一歳を過ぎて歩きはじめると、赤ちゃんを卒業して子どもになってきたなーと実感されることでしょう。なかには言葉をしゃべりだす子もいて、言葉で伝えられる、コミュニケーションがとれると期待が膨らむことも。さらに、言葉を理解する素振りが見えたりすると、親は、「うちの子はできる。話がわかっている」と少し期待過剰に考えてしまう。日常のいろいろな場面で知的な芽生えを感じるものだから、期待が大きくなってしまうのは無理のないことですね。でも、そこはまだまだ二歳児。親の期待に応えてくれるとは限りません。

二歳児は、いわゆる「出る時期」。自分開花期といってもいいでしょう。歩いたり、動いたり、話したりといった行動ができるようになるこの時期は、子ども自身の内側から湧きでてくるものが多いのです。好奇心が芽生えていろいろなものに興味をもちはじめたり、少しずつ行動範囲が広がったり。つねにベクトルが外側に向いている状態です。ですから、親の言葉かけといった外側からの働きかけを受け入れる余地はありません。そんな子どもの態度や反応にいら立つこともあるでしょうが、そこのところは多少なりともガマンして、子どもの調子に合わせながら過ごしてもらいたいと思います。

二歳児の成長を「自己主張が強い。自己中心的。自我が芽生える。我が強くなる」などさまざまに表現します。これらは、どれも同じことをさしています。親にしてみたらどれも「やっかいな姿」にうつることでしょう。この時期に子育てを、難しい、やっかい、つらいと感じる方が増えるのは当然だと思います。でも、つらいばかりの子育てでは、親も子も苦労の連続。そこで、森のようちえん的子育てとしては、ありのままを受け止めることで「子どもをやっかいに感じない見方」をお伝えしようと思います。「**子どものやっていることは必要なこと。言うことを聞いてくれないのは成長の通過点・証《あかし》**」と理解し、成長の糧と割りきることで、子育てが少し楽になり、子どもとの時間がもっと楽しくなるに違いありません。

目をつむって駆け抜けろ！

一歳後半から二歳にかけての子どもたちは、言ったことは通じない、自分のやりたいことを優先する、理解していても無視をする、わからないフリをして受け入れない……など。ふとした場面でわかっている素振りを見せながらも、こういった態度を示すものだから、腹が立つのも多いことでしょう。

森のようちえん的子育てのポイントは、「目をつむって駆け抜けろ！」です。

親のほうが目をつむって、時間が過ぎるのを待つしかありません。「何かをさせよう。ちゃんとやらせよう」という大人の「つもり」が通用しない時期だと腹をくくりましょう。

たとえば、食事を例に考えてみます。勝手に食べはじめる、遊びながら食べたり、わざとこぼしたり、手をのばして器をひっくり返したり、コップに手を突っこんでみたり……。これらは、やりたい気持ちと行動のバランスがとれていなくて、大人から見れば相当やっかいな状況ですね。「ちゃんと食べなさい。座って食べて。遊びながらはダメ！」と何度言っても子どもは馬耳東風。聞く耳をもってはくれないでしょう。これらの反応は、二歳の子なら当然のこと。ですから、カッとなったり、イラッとするのは無意味です。注目したいのは、これらが次のステップにつながる大事な要素だという点。ポイントは、森のようちえん的子育てにおける「体験の機会を増やす」です。やりたい気持ち、やる気が前面に出ているならば、失敗を繰り返しながらも行動し続ける前向きな気持ちをぜひ大切にしてください。次の成長へつながるステップとして「この子自身が経験しなきゃいけないこと」ととらえてほしいですね。

二歳ごろまでは、親の思いどおりにはならなくても、子どもが機嫌良くしていればＯＫ

と考えましょう。癇癪《かんしゃく》を起こしたり、気に入らないことがあった場合には、なだめたりご褒美をあげたりしてその場を取り繕って過ごせばいいのです。親の思いどおりにさせようとは考えず、子どものやりたいようにやらせてみる。だって、親は「目をつむって駆け抜ける」しか方法はないのですから。時間の経過が成長そのものにつながるでしょう。

状況を変えて「服従」させる

では、実際にどう対処すればよいのでしょうか。

子どもが食べ物をグチャグチャにしていたり、ウロウロ歩きまわって食べる気配がない状況だとしましょう。もちろん、親のイライラも最高潮。この状況で子どもに対して必要なのは「服従」です。「服従」といっても無理矢理に従わせるのではなく、「子どもが服従しやすい状況にもっていく」という意味です。状況を整理すると考えてもよいでしょう。

「座って食べなさい」と叱っても、従える年齢ではありません。そこで、食事に飽きて遊びはじめたら、「ごはんはおしまいにしよう。片づけるね」と言って食器を片づけてしまう。状況を変えることで、子どものほうは、その変化に従わざるをえません。これが、二歳児の「服従」。もちろん、子どもはびっくりして泣いたり、「まだ食べる！」といって大騒ぎになるかもしれませんが、それは時間がたてば落ちつきますから、かまわずに片づけてしまうことをおすすめします。これこそが森のようちえん的な考え方。つまり、**子どもの状態を受け入れながら、状況を変えるという方法で親の意図を伝える**わけです。

「服従」させようとして、座って食べることを強要させると、さらに大もめになって親子ともどもイライラが急上昇するのは必至です。二歳児は、言われたことに従ったり気持ちをコントロールしたりはできないので、期待しても無理な話。親が一方的に状況を変化させて、子どもに従ってもらうのが、どちらにとっても平和的な解決策といえるでしょう。

座って食べたり、遊ばないで食べることができるには、成長を待つしかありません。しばらくしてお腹を空かせた場合には、食事や軽食を用意してあげましょう。そのときは「座って食べてね。遊ばないで食べられる?」といった声かけを忘れずに。すぐにできるようにはなりませんが、働きかけは繰り返し続けていくことが大切です。要は小言。この時期に限らず、親御さんには年中小言を言ってもらいたいのです。

子どもはゆっくりですが確実に成長します。小言を言い続けているうちに少しずつ変化が見えてくるでしょう。座って食べる時間が長くなるとか、親と一緒なら座って食べられるとか。そういった様子に対して「ちゃんとできたね。すごいね」といった言葉かけもお忘れなく。一年ほどかけてこういったやりとりを繰り返すことで、子どもはいつのまにか成長していきます。

コミュニケーションは、母親、モノ、人へと広がる

一歳を過ぎるころまでは、子どもにとっての「他者」はお母さんだけ。一歳半を過ぎてからようやく「自分」という存在に気がつくと考えられています。ですから、歩きはじめるまでの赤ちゃんにとって重要なのは、母子関係。一歳ごろまでの人間関係は、近所を散歩したり、祖父母の家に遊びに行くといった程度で十分でしょう。ハイハイ期から歩きだすころにかけては、おもちゃよりも新聞広告やティッシュといった身近なモノが興味の対象となります。鍵や携帯電話、財布などをよだれでベタベタにしたり、炊飯器や食器に興味をもって壊してしまうのではないかとハラハラしたり。そして、しだいに周りの人に対しても目が向くようになっていきます。モノから人への興味の移行には、明確な区切りはありません。どちらも並行して発達していくと考えましょう。

二歳前後になったら、育児サークルや子育て広場といった子育ての集まりに積極的に出かけるといいですね。いろいろな人に出会って人慣れの練習を始める時期です。週に一回

程度、親にとって無理のない範囲でかまいません。他者の存在に気づきはじめる時期に合わせて、人に慣れさせるのが目的です。**「家族以外に、ほかにも人がいる」という状況を意識的につくります。**親以外の大人が声をかけて関わってくれる、自分と同じような小さい存在がいる……。こうした刺激によって、他者の存在を認識し、あわせて「自分」という存在を理解するようになります。

二歳を過ぎるころには、周りの子どもの様子をうかがうようになります。自分よりも三〜四カ月ほど、少し月齢が上の子がやっていることはものすごく刺激になるんですね。だからこそ、そういった集団に入っておきたいものです。

三歳までは一番のトラブル期

周りのモノや人への興味が強くなると同時に、身体的にも体力的にも活発に行動できるようになってくるこの時期、二歳から三歳までの一年間は、一番のトラブル期だとあらかじめ覚悟してください。公園の砂場で自分よりちょっと大きい子が水の入ったバケツにシャベルを入れてかきまわしている……。そんな光景を見ては、自分もやってみたくなる。ほかの子がやっていること、使っているモノに対して、どんどん興味をもち、その行

為を吸収するようになるんですね。「自分もやってみたい」という欲求です。

そこで発生するのが、子ども同士のトラブル。「取った、取られた。貸してほしい。渡したくない」といったモノを媒介にしたトラブル（けんか）が次々に起こります。モノを取られた子が泣いたり、貸してほしい子が相手を押し倒したり。まだ力の加減はできないので、押されたり叩かれたりした子は相当痛いでしょうね。これは、他者に対する意識・行動がともに広がってくる成長段階からすれば当然の成り行き、心配はいりません。子どもたちは、こういったやりとりを経て、成長の階段を確実に一歩一歩登っていきます。

そんなトラブルの対処法はただ一つ。その場にいる大人が「制限する」です。子ども同士のトラブルは成長に必要なことですから、やらせておきたい気持ちもありますが、どちらかがひどい目にあう（あわせる）前に、大人が物理的に制止しましょう。この年齢では、善悪の区別はつきません。分別もありません。危害を加えようと思っているわけでも、悪気があるわけでもない。欲求、要求をひたすら通したいと考えているだけにすぎないのです。この状況を森のようちえん的には「自主的に選択している」ととらえることができます。根本には子どもたちが自主的に選んでいる状況があるのです。喜ばしいことではありませんか。しかし、まだ譲ることはできない年齢。自分たちで解決するのは到底無理な話です。**大人が、「大事になる前に引き離す」**。それしかありません。こういったトラブルは数え切れないほど起こるでしょう。「欲しかったんだね」と子どもの気持ちを尊重しつつ、物理的に引き離すことでの解決をおすすめします。

遊びの効果は無限大

赤ちゃんが自分の力で動きだすようになって、何かに興味を示してモノと関わるようになったら、それが遊びの始まりです。ティッシュを引っぱりだすのも、コップの水をこぼすのも、たたんだ洗濯物をひっくり返すのも……何でもいいんです。泥んこ遊びも水遊びも、子どもたちが興味のままに始めたことは、すべて成長のために必要なことです。とはいえ、親が獲得させたいことと、子どもが獲得しようとしていることは違いますから、戸惑う方も多いかもしれませんね。ここで知っておきたいのは、子どもたちは、遊びを通じて、遊びのなかの要素を獲得しようとしているということ。無駄なこと、間違っていることは何ひとつありませんからご安心を。

たとえば、「コップの水をこぼす」という行為を考えてみます。子どもが獲得しようとしているのは行為そのものではなく、コップを持つ動作、力加減、傾けて水がこぼれる様子や濡れる感覚、水のピチャピチャした触感……こういった一つひとつの要素なのです。「コップの水がこぼれる」という動作のなかで、それらを統合的に、そして同時に獲得しているのです。ものすごいことだと思いませんか？　もちろん、歩いていても、道草を食っていても、どんな状況でもいつでも要素の獲得は必ず行われます。

どんな場合でも、子どもたちは何かを獲得しようなどとは意識していないでしょう。遊び自体がすでにこういった性質をもっているので、気づかないうちに、多様なものを、総合的に、そして同時に獲得できるのです。その結果、指先が器用になり、頭が働くようになり、感覚的なものや身体的なものもぐんぐん育っていく……。しかも、それらが完璧なバランスで獲得されていくのですから驚きです。森のようちえんの特色の一つに子どもたちの自由遊びの時間が多いという点があげられますが、それは、子どもの成長にとって遊びが重要だと考えているからです。遊びが身体的、感覚的、認知的、知能的、さまざまな側面から総合的な成長を促していることは間違いありません。さらに、人間関係、コミュニケーション、言語発達など、月齢・年齢が進めば、その要素も効果もどんどん増えます。まさに遊びの効果は無限大なのです。

こういったことを踏まえて親御さんに知っていただきたいのは、**子どもの遊びには「無駄なものは一つもない」**ということです。この点をおさえておくと、遊んで汚れるのはイヤ、遊んだ後の片づけが大変といったことを少しは思わずに済みます。子どもの遊びに対しての見方が変わって、その後の子育てがスムーズにいくのは間違いありません。

◉……二歳児はぐんと伸びる!

できるまで待つ、時間の余裕を

二歳の後半あたりから三歳になるころには、できることがいろいろと増えてきます。スプーンを使って上手に食べられるようになったり、パンツやズボンがはけるようになったり。そして同時に、やりたいこと、興味をもったことに執着したり、強く主張するようにもなるでしょう。「自分でやる！」と言って譲らなくなるのもこの時期の特徴です。そうした場合、主張している子どもに対して、親の対処法はひとまず折れるしかありません。「時間をかければできる」という内容が増えてきているので、森のようちえん的子育てからすれば、「自分でやる！」の主張はできるだけ受け入れてあげたいところです。いったんはその欲求を受け入れてやらせたうえで、手を貸すか、見守るか、やめさせるかといった判断をすればよいでしょう。「できたね」「上手にやれるね」など、ほめたりおだてたりすれば、子どもたちは気持ちがよくなって、さらに上手にできるようになります。「やりたい。できた」という体験は、子どもにとってかけがえのない喜びです。もちろん、「できない。やって」という場面も多いと思います。無理にやらせたり、やり方を教える必要もないでしょう。「お母（父）さんがやるね。また今度やろうね」といった言葉かけで手伝ってあげれば十分です。

二歳のころは、やりたい気持ちが強くてもまだまだ現実的に無理でした。ですから、親のほうが状況を変化させて「服従させる」という方法をお話ししました。しかし、子どもが「やる」と決めたことをやらせてあげるのは、森のようちえんの考え方のなかでも重要な点です。三歳になって「できる。やろう」という気持ちがわきだし、実際にもできるようになってくるこの時期には、ぜひ時間に余裕をもって対応してあげましょう。余裕をもつということは、**あらかじめ時間を逆算して行動する**という意味です。時間に余裕があれば、大人のイライラ防止にも役立ちます。出かける間際に急がせたばかりに、子どもがへそを曲げてしまい余計に時間がかかったという話はよく聞かれます。おもちゃを片づけるのも、食事をするのも、出かける支度を整えるのも、三歳児の場合は想像しているよりも余計に時間がかかるということを肝に銘じましょう。かといって、子どもが自分でやらなければ、いつまでもできるようにはなりません。一つひとつやってみることで、できることが増えるのです。身の回りのことを早い段階で獲得し、自分のことは自分でできるようになれば、親にとって楽なことはいうまでもないでしょう。そのためにも、大人は急がせることなくゆったりかまえ、時間に余裕をもつのが最善策です。

子ども中心という考え方

三歳になってできることが増えてきたといっても、もちろん、できないことはまだまだたくさんあります。小さなボタンがかけられない、ファスナーがあがらないなど、細かい動作は難しいことが多いですね。そういったときには親が手を貸してかまいません。どうぞ手伝ってあげましょう。でも、親が無言でささっとやってしまうのは避けてほしいですね。「やってあげようか？　できないなら手伝うよ」といったひと言を添えることを心がけて。これはコミュニケーションの大事な部分。手を貸すときは相手の状況を聞いて（承諾を得て）からやるんだよ、ということを自然に伝えているのです。急いでいるときにも「お母（父）さんにやらせてちょうだい。今だけはお母（父）さんに手伝わせて」といった声かけをお忘れなく。「承諾を得てから関わる」ということを繰り返された子どもは、他の人からの承諾も受け入れやすくなります。

　これが森のようちえん流「子ども中心」という考え方。「子ども中心」と聞くと、子どもの欲求や都合を最優先するという意味にとられるかもしれませんが、「子ども中心に動かざるをえない状況で親がイライラしないで済む方法」といいかえるとわかりやすいかも。三歳児に親のリズム、親の都合で動いてもらおうとしても、それは到底無理な話。かといって子どものペースを優先すれば遅々として進まず、親のほうがイライラしてくる。そこで、**子どもが親の思いどおりに動いてくれるように最初から計画しておく**。それが私の考える「子ども中心」ということです。さらに、子どもの気持ちを受け止めたうえで承諾を得ておけば、機嫌を損ねたり、へそを曲げられて手を焼くこともないでしょう。

子どもの気持ちには波があります。できるとき・できないとき、やりたいとき・やりたくないときがあるのは仕方のないこと。そんな子どもの気持ちに寄り添って大人が合わせることで、日常の大半のことはスムーズにいくようになりますよ。

「やってほしい」はやってあげて

少しずつ身の回りのことができるようになって喜んだのもつかの間、今度は「お母（父）さん、やって」と甘えてきたりします。親からすれば、「いつもどおりにやってよ」と言いたくなるでしょうし、心の中では「一度甘やかすと癖になってしまうのでは」と不安に思ったりもするでしょう。でも、三歳児の「やってほしい」は、ぜひやってあげてください。森のようちえん的子育ての基本、「子どものありのままを受け入れる」というわけです。

子どもの要求がエスカレートするのでは？　できたことができなくなってしまうのでは？　甘やかしていいのだろうか？　という疑問や不安はすべて棚に上げておいて大丈夫。ここは、**子どもの気持ちを全面的に受け入れて、要求どおりに応じてあげましょう。**

「いつもできるんだから、いつもどおりにやる」というのは通り一遍な考え方です。子どもの気持ちには波がありますから、通り一遍では通用しないことを大人も理解することが必要です。大人にも気分がのらない日や疲れて何もしたくない日がありますね。子どもだって同じこと。甘えたいとき、がんばりたくないとき、疲れてやる気がでないとき……そんなときがあってもおかしいことではありません。思いっきり甘えさせてあげましょう。

ただし、その場合でも大切にしたいのは、コミュニケーションです。「いつもはできるけど、今日はやってほしいんだね。今日は特別にやってあげるね」といった声かけは、子どもへの「あなたの気持ちをしっかり受け止めているよ」というメッセージ。次のステップにつながります。「はいはい」と子どもに言われるままに要求に応えていると、子どもは一方的に受動の立場に立つことに。そこにはコミュニケーションは存在しません。

自分を受け止めてもらえたと感じた子どもは気持ちが安定します。逆に、大人の都合や主張、要求ばかりで、受け入れられてないと感じた子どもは、知らず知らずに気持ちが不安定になっていきます。気持ちが不安定になった理由は理解できない年齢ですが、感覚的に居心地の悪さを感じてイライラしたり、ぐずったり、ちょっとしたことで癇癪を起こしたり。自分の気持ちをコントロールできなくなってしまうのです。

気持ちの切り替えがポイント

子どもは不安定になると自分の気持ちをコントロールできなくなり、親が困るようなことをしはじめます。癇癪を起こしたり、怒ったり、ぐずったりといった態度で表面化します。子どもの心がイヤなことで満たされたサインです。

では、そのときどうしたらいいでしょう。三歳児の場合、言葉でコミュニケーションを図ろうとしても状況は改善しません。まずは、「いい加減にしなさい！　何やってるの！」と腹を立ててもしょうがないことに気づきましょう。親が本気で子どもと向き合うからこその腹立たしさだとは思いますが、はっきり言って三歳児には通用しません。さらに「どう対応すればいいのだろう？」と何かしらの対応策があるはずだと考えていませんか？「関わり方が間違っていたのでは？　癇癪を起こさない上手な方法があったのでは？」などと悩んだり、答えを求めがちです。でも、答えを求めていろいろな方法を試すから、余計に腹が立つんですね。はっきり言って対応策はありません。

親ができることは、「**何かのきっかけで気分を変える**」という方法だけです。子どもの気持ちがリセットされるよう、おやつでもテレビでもおもちゃでも散歩でも……気持ちを転換できるきっかけを見つけましょう。その方法は何でもいいのです。別の部屋で過ごすなどしてその場から物理的に離れるか、テレビやおやつを介在して気持ち的に離れるか。介在しているものの違いですから、どんな方法を選んでも気にする必要はありません。親子で冷静になれる方法をそれぞれの家庭ごとに見つければいいのです。

このときに、テレビを見せたりおやつをあげたりするのは良くないかも……などと心配する方がいるかもしれませんね。どんな方法でもかまわないのですが、どうしても気になるなら、与えるおやつの内容を工夫したり、一緒に見るテレビの内容に気を配ってみてはどうでしょう？「テレビでも見ようかな」と親がテレビをつけてもいいんですよ。そうして、子どもの気持ちが落ち着いてきたら膝に乗せて一緒に楽しめばいいのです。親の気持ちが安定したことを肌で感じて子どもは安心することでしょう。

これは、あくまでも気分を変えるきっかけにすぎません。三歳ではこういった状況が毎日繰り返されるわけではありませんから、いわゆる緊急措置、応急手段だと考えてください。年齢が進めば間違いなく頻度は減っていきます。この時期だけのことなのです。

世話の焼きすぎに要注意

人間関係的な面では、三歳は親から少しずつ離れだして友だちやほかの人の存在が気になりはじめる時期です。特に、自分よりちょっと年上の子、一～二歳上の子の様子に強く興味をもったり、友だちとの関係を求めはじめたりします。いつも遊んでいる子のなかで仲良しの友だちができるようになるのもこのころからです。そして、年齢の違いということに気がつくようになります。年上の子のマネをすることが増えてくるでしょう。兄姉がいたり、園に通っている子は特に、着替え、排泄、食事といった身の回りのことは、大きい子たちのマネをすることでますます上手になります。

大人の目から見れば「まだまだ」という点が目立ちますが、子どものほうでは「私はできる。いろいろやりたい」という前向きな気持ちが前面に出てきています。ここで親が気をつけたいのは、世話を焼きすぎないということ。子どもの自覚的・自立的な面が芽生えてくる時に、親が手を出しすぎてしまうと、「自分でやりたい」という子どもの気持ちとぶつかってしまいます。それがお互いのイライラの原因に。親が手伝おうとして手を出す→子どもは「自分でやる！」と受け入れない→子どもは上手にできないので時間がかかる→時間がかかるほど親のイライラがつのる。こんな悪循環でイライラしてはお互いにもったいないですね。森のようちえん的子育ての基本「体験の機会を増やす」を念頭において、**できるだけ手伝わないようにしたい**ものです。

三歳は非常に伸び幅が大きい時期です。この一年間で外見も内面もグンと成長することでしょう。子ども扱いをして世話を焼きすぎたり、お互いがイライラした関係にあると、せっかくの伸び幅があっても十分に成長できません。ちょうど家庭の中だけではおさまらなくなってくるころなので、入園を考えだすのにちょうどいい時期でもあります。

入園してパートタイムの自立を

三歳になったら、いよいよ入園が近づいてきますね。最近は三年保育が主流になっていますから三歳の誕生日を迎えたら翌四月には幼稚園か保育園に入園する子が多いと思います。三〜四歳は、ちょうど親から離すのによい時期。親が子育てに関するすべての責任を負わなくていい、親だけでの子育てには限界がある、そういった時期に入ったんだと考えればいいですね。最近は、子どもの育ちに気になる点があると「育て方が間違っていた？」と心配される方が多いようですが、そんな必要はありません。成長する力は子ども自身がしっかりもっているもの。親の育て方、責任とは関係のない部分です。おとなしい子も乱暴な子も、気性が荒い子も穏やかな子も、これらはすべてその子のもって生まれた性格です。育て方の問題とは違います。そして、こういった気質をコントロールするために、これからの成長があるのです。入園は、その成長のための一歩と考えてください。

親への依存性と外の世界への興味、二つの反する気持ちをもち合わせているのが三歳児の特徴です。親と離れがたい、甘えていたいという依存性を残しつつ、重心のほとんどは子どもの集団という世界に移っているといった感じでしょうか。

そこで「パートタイムの自立」という考え方をお話しします。**物理的に親から離れることで一定時間だけ自立する**という意味です。「九時〜三時は一人でがんばってね、帰ってきたら甘えていいよ」という感じでとらえていただいたらいいでしょう。帰ってきたとたん、「靴をぬがせて〜、着替えさせて〜、ご飯食べさせて〜」と立て続けに甘える子もいるでしょう。そのときに「園ではできるんだから、自分でやりなさい」と言うと、外でがんばってきたうえに家でもがんばらなくちゃ、と子どもはくたくたになってしまいます。まだ依存性の強い年齢ですから、それでは子どもの精神バランスがくずれる結果に。「できるのにやらない」という態度が成長と逆行しているように感じるかもしれませんが、そこは森のようちえん流で子どもの「今」を受け止めて、「やってあげるよ」と快く応えてあげてください。三歳児の成長にとって気持ちの充足というのが重要なポイントです。

そうして「いつでもやってあげるよ」と安心感を与えているうちに、気がついたら自立していたという日が必ずやって来ます。「ご飯を食べさせて〜」といった目に見える範囲の甘えは四歳の後半あたりからしだいに減っていくでしょう。五歳にもなると「やって〜」と言うことがほとんどなくなります。幼児期の自立はもう目前ですね。

◉……四歳はギャングエイジ!

堂々と、そして大胆に

四歳になると、着替えや排泄、片づけ、食事といった基本的なことはある程度自分でできるようになります。さらに、大人の指示に従って行動したり、自立的・自主的に考えて動ける子も出てくるでしょう。「何かを獲得する」ということがスムーズに、そして次々に増えてくる時期です。四歳児は、三歳までに経験し積み上げてきたものがパーッと花開く、満開のイメージでとらえるとわかりやすいと思います。獲得することに慣れた子どもたちは、自信をもって動けるようになっていきます。

そこで気になるのは、大人の目が届かない部分で自分勝手な行動をとったり、子ども同士の対立・トラブルが増えること。いろいろなことができるようになって、自分の行動にも自信がついてきたからこそ、堂々と大胆にふるまえるようになる四歳児。相手を思いどおりに動かそう、年下の子を便利に操ろうといった利己的な行動も目立つようになってきます。子どもは平和主義な面ばかりをもっているわけではありませんから、ときには大人が驚くような激しい行動やストレートな発言が飛びだす場合も。大人を茶化すような態度をとったり、反抗的だったりして怒鳴りたくなることもたびたびあるかもしれませんね。

つまり、ギャングエイジです。でも、ギャングエイジのわが子に手を焼き、毎日ため息をついている親御さんにぜひ伝えたいのは、「**四歳のギャングエイジをしっかり経験した子は、いい成長をする**」ということ。その子が順調に発達している証拠です。いたずらが増えたり、わんぱくな面が目立ってきたら、きちんと成長しているサインと安心してください。森のようちえん的に「自由な遊びから主体性や自主性、協調性が生まれる」と気を長くして待つことも必要です。「今の時期だけ」と多少のことには目をつむって、わが子を頼もしく感じてもらいたいものです。

私の三〇年にわたる経験を通して、はっきりと断言できます。子どもたちは、自分の意思で自信をもって行動できるようになってこそ、次の成長へと進むことができるのです。

どうすればいいのかな？　と考える機会を

四歳はギャングエイジですから、親御さんには怒りたいのをグッとこらえて見守ってほしいのです。だからといって、わが子がいたずらやいじわる、友だちとの衝突といった場面に遭遇している時に、ニコニコ笑ってのんびり見守っているわけにはいきません。親ですから「コラッ！」と叱りたくなるのは当然です。思わず怒鳴ってしまっても、もちろんかまいません。親が本気で叱ることに、第三者が良い・悪いの評価をすることはできないからです。森のようちえん的子育てでも「親は本気で子どもと向き合う」という点を大切にしています。もちろん、自分の身勝手さを感じたならば反省すればいいだけの話。

ただ一つお願いしたいのは、冷静でいられる、もしくは冷静になれるのであれば、ぜひ、子ども自身が考える機会をつくってください。いじわるをした子も、された子も、周りで見ていた子も、みんな一緒に「これでいいのかな?」と考えるチャンスをつくってほしいと思います。園で集団生活している場合、保育士は、子どもたちに「どうすればいいのかな?」と問いかけます。**自分たちで考える、自覚する時間や経験を意識的に設けて**いるのです。先生が善悪を決めてしまえばことは簡単ですが、それではもったいない。トラブルを最大限に活用して、子どもの言葉で「何が正しいのか」という答えを導きだそうとします。とんでもない答えが導かれるのでは? 知識も常識もない子どもたちが正しい答えを導くのは無理? と考える方もいらっしゃるでしょう。ところが、私の経験からいえば、そういった心配はまったく無用です。四歳にもなると、相手のことを考えたり、人の気持ちを推し量ったりすることが少しずつできるようになってきます。知識や常識がない子どもたちでも、集団でじっくり、ゆっくり考える機会があれば、案外簡単に正しい答えを導きだします。ほとんどの子は幼稚園や保育園に通っている年齢ですから、集団生活において、こういった経験をゆっくりじっくり積んでいくとよいでしょう。家庭内の大人と子どもの一対一の場面ではうまくいかないかもしれませんが、知っておいていただきたいことの一つとして加えました。

もちろん、四歳児は自分で考えるという経験が始まったところ。まだ入り口に立ったばかりなので、できなくても気にすることはありません。ポイントは、気長に気長に、です。

終わりまで、最後まで

四歳児の特徴に自分勝手やいい加減といった行動が目立ってくるとお話ししました。できることが増えて、さらに周りの状況が少しずつ見えるようになった結果、やりたいことが次から次に出てきてしまうんですね。気持ちばかりが先行してしまい、今やっていることが中途半端な状態のまま次へ移ってしまう……。仕方のないことではありますが、これで良いわけはありません。

そこで、物事をきちんと終わらせてから次の行動へ移れるように、「これで終わりだね。ちゃんとできたね」といった終わりを意識した言葉かけを増やしていくことをおすすめします。三歳児では衣服の着脱ができたらほめていましたが、四歳児では衣服の着脱はもちろん、片づけたり、汚れたものを区別するまでを一つのくくりとしてとらえてください。物事のお尻、けじめを自覚させることが重要です。自分一人でできたかどうかを確認するのは難しいので、周りの大人がしっかりチェックして。自分勝手な解釈やいい加減さを身につけてしまっては、着替えはできても、脱いだ服はそのまま……なんて状況に。これではこれから先、将来にわたって心配になります。

とはいえ、終わりを意識すると「片づいてない。できてない。やってない」と汚点ばかりを指摘することになりがちです。こんな言われ方は大人だって気分がよくありません。子どもも同じです。子どもの場合は、気持ちの変化が本来ならできることさえもできなくなるといった結果に表れます。三歳児が無意識に不安定に陥ったのと同様です。

そこで、森のようちえん的な考えを踏まえて、**「どこまでやればいいんだっけ？　お母（父）さんも手伝おうか？」といった誘導型の声かけ**を提案します。「自分で片づけるのが当然だよ」でも、「全部やってあげるよ」でもない。一緒にやる気持ちで接してください。「困ったときにはいつでも手伝うよ」と受け入れる気持ちをもつことで、子どもは選択する機会を得ることになります。「自分でやる」を選ぶか「手伝って」を選ぶか、どちらを選ぶにしろ、自分でもやろうという意欲をもつことは確かです。そして、実際にはあっという間に自分一人でできてしまうでしょう。大人の気持ちのもち方、言葉かけひとつで、子どもがグンと成長するのを実感していただけると思います。

四歳のうちにしっかり見てあげると、五歳になるころには、「終わりまできちんとやる」ということが自然に、きちんと身についているはずです。

いつでも手をさしのべる準備を

身の回りのことが自分でできるようになった四歳児。しかし、「やって～。できない～」と以前よりもっと甘えてきた経験はありませんか？　これは、幼稚園や保育園に通い慣れた子どもたちによく見られる傾向です。

そんなとき、親としては「自分のことは自分でやって！」と言いたくなるでしょうが、ここは一つ、子どもの気持ちになって考えてみたいと思います。子どもたちは、園で過ごしている間は自分のことはすべて自分でやっています。背伸びをしてがんばらないといけない場面もたくさんあるし、同い年の友だちには負けたくないし、もちろんいっぱい遊んで疲れた……。だからこそ、家ではゆっくり遊びたいし、何もしたくない。いっぱい甘えたいと思って帰ってきた。そんなところではないでしょうか。そんなときこそ、森のようちえん的子育ての基本「子どものありのままを受け入れる」です。

甘えた途端に「自分でできるでしょ！」と言われても、子どもは戸惑うばかり。四歳児は外の世界でつねに背伸びをしています。虚勢をはってがんばっているのです。がんばればできるし、それが成長だとわかっているからがんばれるのですが、正直、くたびれる。そして、くたびれたときのよりどころは、もちろん親です。外の世界でがんばっている分、家庭の中で安心して甘えられる環境を意識的にもてるといいですね。

「自分でできるでしょ、やってね」と「自分でできることは、やってね」では、意味が違います。前者は、子どもが甘えられる状況、逃げ道がありません。後者は、「できないことは手伝うよ」というニュアンスが見え隠れしていて、子どもが甘える余裕が残されています。何度も繰り返しになりますが、**「やってほしいときは言ってね。できないことはやってあげるよ」という声かけ**は重要です。森のようちえん的子育てでは、子どものほうから「自分一人じゃできないよ、手伝って。一緒にやってほしい」と言えるようになることが大切だと考えますが、それは言葉のコミュニケーション力の発達にもつながります。

外でがんばるほどに甘える場面も増えます。しかし、そんな時期もせいぜい一年〜一年半くらい。年齢とともに社会性が育ち、いつまでも親がかりじゃいけないことがわかるようになります。拍子抜けするほどに甘えてこなくなるのも目前。今のうちに、いっぱい甘えさせてあげて、しっかりと親子のスキンシップをとってください。

お手伝いを始める

四歳の時期にご家庭で始めてほしいのはお手伝いです。料理、掃除、洗濯、買い物、何でもかまいません。森のようちえんでは、子どもたちの体験を増やそうと活動を構成していますが、生活技術（お手伝い）はやはり家庭のもの。体験は重ねることで経験となり、経験は積むことで技術となります。ぜひとも、お手伝いを始めてください。

お手伝いの目的には、まず技術の向上があげられます。包丁が使える、洗濯物が干せるといった目に見える技術の獲得は一番わかりやすいですね。そのほか、野菜を洗って、切って、炒めて、味を整えて、お皿によそう……といった作業の流れを知ることで、物事の手順や段取りといったことが学べます。物事を全体の流れのなかでとらえる力は、生きていくうえで大切です。また、実際には「お手伝いしたい」という子どもの欲求と「今は手伝ってほしくない」という親の都合との葛藤がでてきます。そこから相手の気持ちを読み取ることや状況判断の力もつくでしょう。お手伝いの回数を重ねるうちに要領といった細かい点にも気がつくようになるはずです。それは「周りの状況を見て、合わせて柔軟に動く」という幼児の社会性の完成形につながっていくのです。

最初は大人から声をかけましょう。子どものやる気を尊重し、無理にやらせる必要はあ

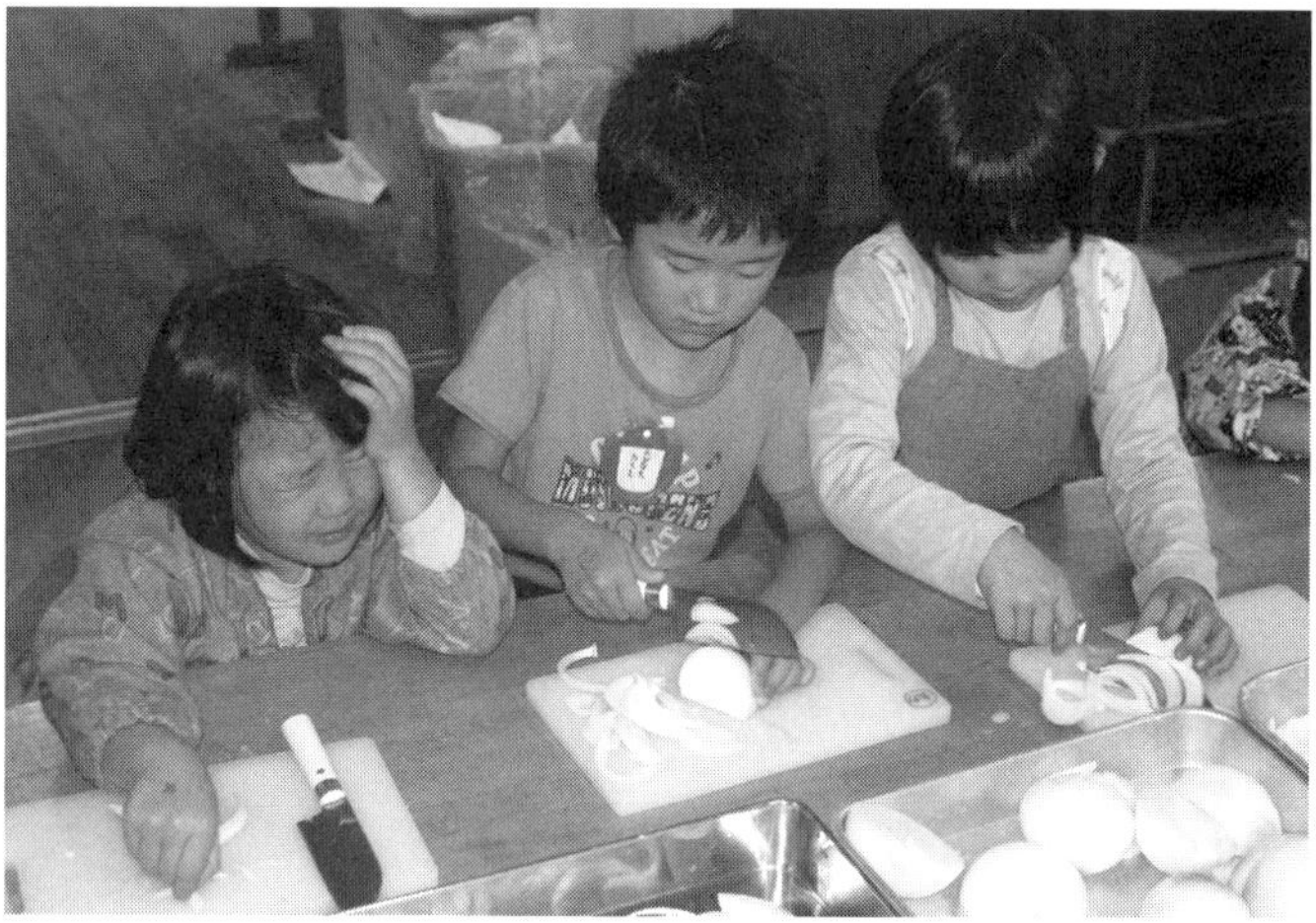

りません。「ここはお母（父）さんがやるね、あなたはこっちをお願いね」というように、大人が主導権をもって内容を選びましょう。実際に子どもの興味が続くのはほんの数分。きゅうりを一本切る、卵を割るといったお手伝いで十分です。簡単なことから始めると「上手にできたね。ありがとう。助かったわ」と**ほめられたり感謝されたりして、お手伝いに前向きに取り組める状況が生まれます**。もちろん、踏み台で高さを合わせたり、子ども用の道具をそろえるなど、安全に確実にお手伝いができるための準備も重要です。

　お手伝いを頼むときは、わかりやすい言葉で、やって見せながら、ていねいに教えます。食器を洗う場面でも、洗うとはどういうことなのか、スポンジ、石けんといった道具の使い方、汚れの落とし方、すすぎ方、洗いあがったものを置く場所……。覚えることはたくさんあります。最初は要領も悪く、水がもったいない、汚れが落ちていないなど気になる点もあるでしょうが、技術を獲得するには時間が必要です。一足飛びにはいきません。安心して任せられる日を想像して多少のことには目をつむりましょう。

お手伝いは遊びの延長で

共働きのご家庭などでは、家事は子どもが起きる前と寝た後で、という方もいらっしゃるでしょう。子どもが一緒だと時間がかかって大変！　と思うのも当然です。でも、子どもの見えないところで家事を済ませてしまっては、せっかくの生活技術を学ぶ場がありません。体験する場がなければ生活技術が欠落したまま成長することになってしまいます。小学生になって手伝いよりも勉強を……と優先している間に、あっという間に高校卒業の年齢を迎えてしまうかも（笑）。最近では、大学生がお米のとぎ方を知らなかったりして驚きますが、本音をいうと、面倒でも子どもたちに手伝わせてほしいのです。

子どものやる気に合わせていつでも一緒にできる状況をつくるのが理想ですが、ご家庭の事情もあるでしょうから、無理なことはいいません。週末にチャンスをつくってはいかがでしょう。一緒に朝食のホットケーキを焼いたり、夕食のカレーやギョーザを作るなどイベント風に楽しむのもいいですね。**遊びの延長として子どもを誘って、やる気にさせましょう。**手伝う内容は、何でもかまいません。洗濯、掃除、料理、裁縫……お母さんの得意なことを楽しみながらや、お父さんと一緒に家庭菜園や花壇の整備、洗車などを楽しむのもいいでしょう。誘いかけたときに、もっと遊んでいたい、テレビを見たいというのならやらなくたっていいんです。

この年齢ですべての家事を教えるのは無理な話。何か一つで十分です。手伝う↓教える↓獲得する↓任せるといったものを見つけてください。任せる度合いも、経験の程度によってさまざまです。最初はハラハラドキドキの連続だと思いますが、続けていくうちに小学校高学年ごろには大人も顔負けの頼れる存在になっているはず。そして、一つでも生活技術を獲得した子は、ほかの場面でも状況を見る力が備わっています。初めて経験する場面でも、周りの状況を見たり、経験を生かして要領よくこなせるようになるでしょう。

五歳は幼児期の総仕上げ

譲歩したり協調したり

五歳は、幼児期の社会性の総仕上げの時期です。春には幼児期を卒業し、入学と同時に「学童」と呼ばれるようになります。幼児期の社会性の目標には「相手の立場になって考えたり、周囲の状況を判断して動けるようになること」があげられます。五歳から六歳へと成長する一年で、子どもたちはグンと成長します。

お子さんが通う園でも年中のころから少しずつ相手の気持ちを考えるような練習を進めていることでしょう。さらに、年長では小さい子のお世話をしたり、ペアになって散歩に出かけるなど面倒をみる経験が増えます。自分たちがお兄さん、お姉さんの立場でお世話をして頼りにされたり感謝されたりすることで、より意欲的に行動できるようになります。もちろん、相手への言い方を工夫したり、ときには譲歩したりと、考えながら働きかけなければならないこともたくさん。自分が考えていたやり方を変えなければならない状況にイライラするかもしれません。そんなときこそ成長のチャンス！　ががまんしたり、気持ちを抑えて相手に合わせたりして、自分自身を変化させることを学ぶのです。

小さい子の気持ちに寄り添って世話ができるようになると、ほとんどの園では同年齢同士でも相手の気持ちを考える機会を設けるようになります。年長も後半になると、早生まれで成長がゆっくりだった子も月齢が早かった子たちのレベルに追いつくので、同年齢同士で意見をぶつけ合う機会がもてるようになるのです。相手の立場を考えられるようになった子は主張するばかりでなく、譲歩したり、協調したりと巧みに交渉しながら、うまく折り合いをつけようとします。しっかり成長した五歳児は、**主張を続けるよりも自分を変化させたほうが気持ちいい、楽しいというのが感覚的にわかる**ようになっているのです。

さらに、私が出会ってきた森のようちえんの園児たちは、中立的な立場で問題解決の仲裁に入れるまでに成長します。状況を客観的に判断し、中立の立場で双方の気持ちを誘導したり交渉したりする。これは大人でも高度なレベルです。森のようちえんに通う子どもたちは、六歳ですでに習得してしまうのですから、本当に驚くばかりです。

習い事の心得

五歳ごろには少しずつ字が読めるようになって、さまざまな情報を自分で集めてくるようになります。そんなときに子ども同士で意識しはじめるのが習い事ではないでしょうか。ピアノを習っている子、スイミングに通っている子などの話を聞いてきて、自分も何かを始めたいと言いだすこともあるでしょう。運動が得意だとか、絵を描くのが好きといった、得意なことや好きなことを認識して、やりたいものが見えてくる時期です。森のようちえん的考えでは子どもの体験の機会を増やすことを大切にしますから、条件が合うのであればやらせてあげればいいでしょう。ただし、肝に銘じておいていただきたいのは「五歳児は目移りしやすい」という点。ほかの情報が入ってくるとすぐに目移りするので、「途中で飽きてしまうかも」という前提で始めるのが得策です。

最初のやる気に陰りが見えてくると、たいていの場合は、「自分でやりたいと言ったんだから、きちんと続けなさい」と言ってしまいがちです。月謝を払う身になれば、気の向くままに通われてはムカッとするのも当然でしょう。そういう場合は、たとえ始めたばかりであっても思い切ってやめさせてかまわないと思います。習ったことの目に見える実りではなく、「やりたい」という自分の意思を表現できたことを実りとしてとらえてください。月謝は無駄になったかもしれませんが、そこには別の何かが育っています。

もし、習い事の実りを得たいのなら「ピアノを弾けるようになりたいの？　練習もしなきゃいけないし、レッスンも行かなきゃならないよ。どうする?」と親子でしっかり話しあうことが必要です。子どもに選ぶ機会を与える、これも森のようちえん的子育てで大切にしているポイント。こういった話しあいのなかにも、自分の考えをまとめて話すことや自分の意思で決めて行動するなど、たくさんの学びがあるでしょう。「自分でルールをつくり、それを守る」。**目先の上達だけにとらわれず、子どもの成長を感じて**もらえればと思います。

どんな習い事がいいの?

子どもがやりたいと言ってくる習い事は、たいていは「○○ちゃんが習っている」といった子ども同士の口コミで広まります。ひとくちに習い事といっても多種多様。ピアノ、スイミング、野球などの定番から、最近では、英会話やダンス、体操なども人気があるようです。先述のとおり、子どもの習い事はお試しです。森のようちえん的子育てでは体験を増やすことは必要と考えますが、実際のところ成果が現れるまでには相当の時間がかかるということも忘れてはいけません。オリンピック選手を目標にしているわけではありませんから、最初は、試供品の感覚でつまみ食い程度の気持ちで始めればいいと思います。**あくまでも経験を広げるための素材**だと考えて。何を選ぶかはみなさんの自由です。

しかし、基本的な生活技術を身につけさせる必要性はお忘れなく。四歳のページでお話しした生活技術的な面は、まだまだ続けてほしいと思います。始めるのに早い遅いはありません。三歳でも五歳や六歳であっても、気づいた日、やる気になった日から始めるといいでしょう。五歳ごろには理解力も上がるし、手先も器用になって、さまざまな技術をスムーズに獲得できます。家事のなかで任せられる場面が増えるかもしれません。そして、技術の部分はもちろん、段取り、後始末といった付随的なものにもよく気がつくようになります。

始めていなかったご家庭は、今日から始めてください。大事なのは「いつから」ではなく、「やったかどうか」です。生活技術を体験する場は、家庭にしかありません。ぜひ、おすすめします。

自分の世界が芽生えはじめる

五歳になると、親は本当に楽になります。お風呂に入るのも、寝るのも、しだいに親から離れて一人でできるようになるでしょう。なかには親と離れがたい子もいますが、それだって時間の問題。親から離れて自立的な意識（自分の世界）をつくりはじめる時期ですから、遅かれ早かれ自然に巣立つことになります。

でも、物理的に手をかける時間が減ったからといって親子関係が疎遠になるわけではありません。目に見える形でのスキンシップは減りますが、会話によるコミュニケーションは確実に増えていきます。親子関係というのは時間的、物理的な物差しで測れるものではありません。声をかける端々に「気にかけているよ。応援しているよ」という気持ちが入っているかどうかが重要なのです。それが親子関係の充実度に表れてきます。

習い事をして、人に預けたり、どこかに所属させることは決して悪いことではありません。「小さいころから保育園に預けていると親子関係はできないのですか？」と聞く人がいますが、一緒に過ごす時間の長さと親子関係の充実度は比例しません。もし親子関係で気になる点があるのなら、それは預けたことで親子関係を放棄しているからではないでしょうか。人に預けて楽になったと思っているだけでは、親子関係は充実しないでしょう。

では、どうすればいいのでしょう。特別なことは必要ありません。**親子の会話、言葉でのコミュニケーションを大切にするだけで十分**です。仰々しい言い方も、ためになる言葉もいりません。普通に会話をすればいいのです。子どものほうは、生意気なことを言ったり、調子にのって親をバカにすることがあるかもしれません。そこはまだ五歳児だから。「少しは生意気なことも言えるようになったね。一丁前のことが言えるんだ。わかったふうなことを言ってるなー」と軽く受け流してください。なぜなら、ほとんどの場合、内容は伴っていないからです。五歳の段階で会話の内容に注目しても意味はありません。会話をするという行為に意識をもってください。そして、内容の不十分さを補うためにも、会話のやりとりをしてコミュニケーションの経験を積み上げていくことが必要なのです。

親子関係を見直してみる

親は教師ではありませんから、子どもに対して腹も立てるし暴言も吐く。子どもを素直に導くことはできませんし、子どもも素直には従いません。これが親子の自然な姿であり、勝手なことを言い合えるのは親子ならではです。森のようちえん的考えでは、親が本気で子どもと向き合うことを大切にします。ただ、どんなにハメをはずしても遠慮がなくてもかまいませんが、親のほうは、あるときふと立ち止まって冷静になる必要がありま す。やりすぎたなぁ、ひどい言い方をしたなぁというときに「子どもを育てているんだから」と振り返ってほしいのです。自分の身勝手さを感じたときは反省し、やり方や言い方

を変えればいいのです。といって、年がら年中反省してばかりではよくありません。親は教師ではありませんから。そのバランス感覚が親の面白さ、子育ての醍醐味といえます。

私は、親御さんとお話しするときには、森のようちえん的な考え方にそって、「親は自然にやって。本能のままに動いていいんだよ」と言います。**腹を立てるときはしっかり腹を立てる、喜ぶときは思いっきり喜ぶ、ほめたいとき、抱きしめたいときは気持ちのままに行動する、それができるのが親子**ですね。そこで、ふと引っかかるものがあれば、もしかしたら、子どもに求めすぎていたとか、要求しすぎていたとか、大人の言うことに従わせすぎたとか、何か不安定なこと、うまく機能してこなかったことがあるのかもしれません。三～五歳の成長の流れのなかでやり残したことに気づいたら、そのときからやり直せばいいのです。

四～五歳を境に親子関係はガラッと変わります。それまでのスキンシップが中心で親の従属物のような立場から、子どもは逃れよう、離れようとしはじめます。親から離れていく現実に対して、いつまでも自分の膝もとにおいておこうとするのは無理な話。いつの時代も子どもは親の思いどおりにはなりません。親がかりじゃない世界に自分の意思で旅立ちます。子ども同士の集団では、思いどおりにいかないことばかりでしょう。そこで、理解、協調、尊重といったことを学び、協力したり、助け合ったりするようになるのです。

こうして親子関係の枠を超えて、人間関係を学ぶ段階へと成長していきます。

第三章 Q&A その悩み、森のようちえん的に答えます

性格や友だちとの悩み

Q1 娘はいつも「抱っこ〜」と甘えてきます。友だちと遊ぶよりも母親と一緒にいるほうを選ぶので、来春の入園を控えて心配です。

甘えん坊は、その子のもって生まれた性質、性格です。甘やかして育てたとか、育て方が間違っていたなどと悩んだり心配することはありません。小さいころから甘え上手だったりすると、親御さんも子どもを抱っこしていると癒されますから、わりとそういうふうに対応してきたのかもしれませんね。お互いに心地よいと感じているわけですから、本来

なら特に問題になることではないでしょう。一方で、さっさと親から離れて行動的なお子さんもいます。これもその子のもって生まれた性格です。抱っこが少なかったとか、抱き方が心地よくなかったなんて思う必要もないのです。ただ、あまりいつまでも甘えん坊だと、入園してから一人でやっていけるのか心配になりますよね。親が同年齢の子と比較してしまうのは仕方のないことです。とはいえ、どの子も遅かれ早かれ自分の世界をもつようになりますし、同世代の子ども同士の関係に夢中になっていきます。お子さんを信じて、そのときを待ちましょう。もちろん個人差があることですから、何歳になったら……という目安があるわけではありませんが。

森のようちえん的子育てでは、まずは子どものありのままの姿を受け止めることが大切だと考えます。どんなときに、どんなタイミングで、何をきっかけに、甘えてきたり親から離れるのかを客観的に観察してはいかがでしょう。二～三カ月の幅で少しずつ様子が変化していくことでしょう。少しでも変化があれば大丈夫！　今はまだ「友だちよりもママ（パパ）が大事」と甘えたい時期であれば、**無理やり引き離そうとするのではなく変化を待ちましょう**。いずれはどの子も親から離れていきますから、安心してください。

この話とは別に、保育園や幼稚園に入園したてのころに、親から離れがたくて登園時に

泣いてしまう子は多いですね。時間の流れや、先を見越すことのできない年齢でいきなり環境が変わってしまうのですから、子どもにとってハードルが高いのは当然です。これは甘えん坊の性格が理由ではありません。どの子にも訪れる一種の試練といえばいいでしょうか。環境の変化に慣れて、すんなり状況を受け入れられる子もいれば、数カ月かかる子もいます。環境の変化がきっかけですから、夏休み明けや運動会後に泣いてしまう場合もあります。そんなときの対応としては、甘えさせてあげられる余裕があれば甘えさせてあげましょう。子どものほうもいつでも受け入れてくれる、甘えさせてくれるという安心感をもつことで気持ちが安定し、新しい環境を受け入れやすくなるでしょう。

Q2 同じ年齢の子とくらべると、どうやら不器用な気がします。手先が器用になってほしいのですが、アドバイスをお願いします。

決論からいえば、不器用な子に育てるのはとても簡単です。要は、何もやらせなければいいだけの話。器用か不器用かというのは、経験値の問題なのです。人間誰しも基本的な回路は一緒であって、器用な人はその流れがよかったり、最短ルートを見つけやすかったりするだけのこと。ですから、経験を豊かにすることで、誰もが器用になることは可能だといえるでしょう。もし、「うちの子、不器用かも？」とご心配であれば、今からでも遅くありません、いろいろな経験をさせましょう。森のようちえん的子育ての点からみても、子どもが体験する機会をできるだけ増やすほうがよいでしょう。そのためには、興味をもてるように誘うことも大切です。「危ない。ケガをする。汚れる。散らかる。面倒くさい」といった大人の考えるさまざまなモヤモヤにはいったん目をつむって、**子どもの経験値をあげることを最優先してください。**メキメキと器用な子に変身していくと思います。

幼児期は、他人からの評価を気にせずにさまざまな経験が積める時期です。この時期に

は、結果よりもその過程、やる気といった部分をほめて、多くの経験が積めるように導いてあげてください。森のようちえん的な見方でも、子ども自身が「やりたい。やろう」と自主的に選ぶことは大切です。年齢が進めば恥じらいが出てきたり、周りの様子が見えるようになって、上手・下手という評価を気にするようになります。そうすると「失敗するからやりたくない」という気持ちが前面に出てしまい、せっかくの経験が積めなくなる場合も。それではもったいない話です。幼少期には、能力に関係なく「一流選手になれる。なりたい」と夢見る時期があります。こういった感覚はなるべく長くもち続けられるほうがいいと思います。結果として一流選手になれるかどうかは別の話。そういった夢を抱いている間は、周りの

評価に左右されずに一生懸命にやることができますし、そこから獲得するものは実に多いからです。

人と比べたり、優劣をつけられる経験を重ねていると、自分に自信をもてなくなってしまいます。子ども自身が「もう限界……」と思ってしまわないよう、今の時期は「ほめてのばす。やる気にさせる」を念頭において接してください。

Q3 引っ込み思案な息子は、なかなか友だちができないようで心配です。元気に通園していれば大丈夫ですか？

性格がおとなしかったり、引っ込み思案な子の場合には、なかなか友だち関係がつくれないと親御さんが心配になることは多いようです。まずは、先生に相談するのがいいでしょう。「そんなことないですよ」と言われれば、今のところは心配する必要はないと受け取りましょう。元気に通園できているのであれば、大丈夫だと思います。先生から「いつも一人で遊んでいます」「お友だちをつくるのが苦手みたい」「難しいようです」などの答えが返ってくるようであれば、配慮してもらえるように相談してみてください。

幼稚園や保育園の保育者は意識的に、子ども同士がつながるきっかけをつくっていま

す。気のつく保育者であれば、うまの合いそうな子を見つけて互いを遊びに誘ったりしているはずです。おとなしい子というのは、自分から積極的に関わったり、働きかけたりするタイプではないので、先生が間に入ってきっかけをつくってあげればいいだけの話。どんな子でも園で過ごす三年の間には、気が合う子に出会います。おとなしい子は時間がかかってしまうだけのことなのです。

　ですから、親御さんが心配になる気持ちも十分わかりますが、先生に相談をした後は、**しばらくは子どもを信じて様子を見守りましょう。**森のようちえん的子育ての一つ「子どものありのままを受け止める」です。子どもは受け入れられることで安心します。そうして、いずれ必ず友だちに出会うことでしょう。

余談になりますが、一～二歳のころの一人遊びとは別に、年齢が進んでも一人遊びは行われます。もともと一人で遊ぶのが好きなタイプの子もいます。そもそも集団で遊ぶのは気を遣う場面も多く、子どもにとってもくたびれるものです。子ども自身は疲れたという意識もありませんし、なぜ疲れたのかを考えることもしません。無意識のうちに集団から離れていき、一人遊びを始めるのです。午前中に子ども同士の集団遊びが充実すると、その反動からか午後はそれぞれが絵を描いて静かに過ごすなんてことも。大人でも、一日中人と会っていたときは、家に帰ってから静かに過ごしたり、ゆっくり音楽を聞きたくなったりしますよね。大人も子どもも同じなんですね。

Q4 意地悪をする子とされる子、どちらになっても不安ですが……。

意地悪をするのもされるのも、これは成長のなかで起きてくることです。子ども同士の関わりのなかできつい言い方をしたり、威張った態度をとることはよくある話です。年齢が進めば、言葉で攻撃したり、仲間外れにしたりと、その様子はさらに複雑になっていくでしょう。意地悪は、小学校高学年になると「いじめ」に発展する場合がありますが、こ

こでは幼児期の意地悪についてお話しします。

　自分の子が意地悪をしていることに気づいた場合、親は「その言い方はこんなふうに聞こえるよ。○○ちゃんはどんな気持ちかな」と声をかけるといいでしょう。小さいうちの意地悪は単純で、自分の気持ちや行動を正当化する目的の場合が多く、高度な意地悪ではありません。計画的だったり陰湿だったりすることはほとんどないので、**その場その場で解決していけばいい**と思います。ときには声を荒げたくなる場面もあるかもしれません。それはそれでかまわないと思います。森のようちえん的子育てでは、親が本気で子どもと向き合うことを大切にしています。親の真剣さが伝わることで、むしろいい結果につながるのではないでしょうか。

次に、意地悪をされている場合です。自分の子が被害者になっている場合は、「今の言い方はいやな気持ちになるね」と**子どもの気持ちに共感して一緒に受け止めましょう**。子どもが「自分だけが孤立しているわけではない。理解してくれる親や家族がいる」という気持ちをもてるようサポートするのがいいでしょう。意地悪をした相手の子に対して何らかの働きかけができるのであれば、「そういう言い方は悲しい気持ちになるよ。やめようね」と声をかけてもいいと思います。ですが、あくまでも相手の子の変化を期待してはいけません。親ができるのはわが子に対する働きかけだけです。園などの集団生活で意地悪をされていることに気がついた場合は、先生に話すのが先決です。保育者は第三者として子ども同士の関係を客観的かつ冷静に見ていますから、そこで解決してもらうのがいいでしょう。親は、家庭でのサポートに徹しましょう。

Q5 友だちと遊んでいるといつもけんかに発展します。よその子にケガをさせないか心配です。いつになったら落ちつくでしょうか？

二、三歳になると、棒で叩いたり、髪の毛を引っぱったり、モノを投げたり、突きとばしたり……といったトラブルは日常的に起こります。これは、誰もが起こすことです。親としてはトラブルを起こさないでほしいと願うでしょうが、可能性はいつでもあると覚悟しておきましょう。それは、やさしく関わる、相手の立場を考える、我慢する、譲るといったことがまだまだできない年齢だからです。この時期のトラブルは、特別な悪意があるわけではなく、自分の都合を優先しようとして起きているものなので心配はいりません。成長を待てば自然と解決します。

問題として発展させないためには、相手にケガをさせる、痛い思いをさせてしまう手前でストップさせることが大切です。トラブルが起こるのは仕方ありませんが、手を出す前に親が間に割り込んでストップさせましょう。それでも、相手の子を叩いたり、押し倒してしまった場合は、親同士の間で謝るなどして解決してください。二、三歳の子に謝らせようとしても道理がわからず形式のみになります。「叩くのは悪いこと。悪いことをしたら謝るんだよ」ということを教えるために謝らせるのは有効ですが、本人が理解できているかという点と、相手に伝わっているかというのは別の話です。まずは親の態度で示すのがよいでしょう。

入園後、三、四歳でも、その手のトラブルは日常的に起こります。**相手の立場に立てるようになってトラブルが減るのは五歳ごろ**になります。家庭の中でもきょうだい間や近所

の友だち同士でそういったトラブルがあれば、「相手はどんな気持ちかな」と問いかけて、考える機会を積極的につくってください。

注意してほしいのは、教えるのではなく考えさせることです。「自分で考えて、答えを見つけて選択する」。これは森のようちえん的子育てのポイントの一つです。自分で考えるからこそ、より意識できるのです。そうして自立的な行動として表れるのであって、教えてばかりでは自立的な行動にはつながりません。もちろん、すぐに行動に表れてはこないでしょうが、「そうだ!」と気づく機会を待たなければ成長への変化につながることはないでしょう。

しつけの悩み

Q6

自己主張まっさかりの二歳児です。何でもやりたがり、うまくいかずに癇癪《かんしゃく》を起こしては、手がつけられず困っています。

二歳児は、少しずつできることが増えてきて、なんでもできると思う年ごろです。赤ちゃんから子どもに変化してきて「自分はお兄（姉）ちゃん」と、ちょっと背伸びをしているイメージでとらえると、大人の対応は楽でしょう。

子どもの「できる、できない」は、成長のペースです。ペースの早い遅いは子どもによって異なります。大人が働きかけたり教えたりしなくても、時間がたてば誰でも同じように成長します。成長を考えるときには階段のようなものをイメージしてください。ゆるやかな階段を一段ずつ登れば自然と前に進みます。これが成長です。ご家庭で間違えやすいのは、今の段階よりも高いレベルを要求してしまうことです。一段飛ばしをしたり、効率を求めて前後の階段を入れかえようとすると、子どもは戸惑ってしまうのです。その結

果は、イライラしたり、癇癪を起こすという形で表れます。成長の階段は自分の力で登るしかありません。大人が抱っこして一気に登らせることはできないのです。

この質問の方の場合は、お子さんのほうが意欲的にやりたがっているようですので、実際には大人の要求はあまり関係ないかもしれません。でも、要は、成長の段階とお子さんがやろうとしていることのレベルに開きがあるのが原因だと思われます。そんなときは、**もう少し簡単で、子どもでもできそうなものを用意してあげる**といいでしょう。小さい箱にしまうのが難しければ大きめの箱を、細いひもが結びにくければ太いひもを、また、大きめのボタンにつけかえたり、チャックの持つ部分にリボンをつけてつまみやすくしたり……。親のアイデアで子どもがやりやすい大きさや方法を見つけてあげてください。大人が使う様子を見せたり、特別なプレゼントとして渡したり。そうすれば、子どももすんなり受け入れられるはずです。これこそまさに森のようちえん的子育てです。子どもの成長の段階をありのままに受け入れてレベルに合ったものを用意する点、子どもが自分でやる機会をつくりだそうと工夫する点、子ども自身が「やろう」と選ぶのを待つ点など、私が森のようちえんで目指しているものと一致する点がたくさんあります。

ご両親には、子どもが自分の足で成長の階段を一段ずつ登れるようにサポートしてほしいと思います。子どものイライラは親のイライラの原因になりますし、親のイライラは子どものイライラにつながります。少しの工夫でお互いが笑顔で過ごせるといいですね。

Q7 食事中の食べ歩きが直りません。また、公園で遊んでいるとなかなか帰ろうとせず困っています。いい方法はありませんか？

「人の話を聞かない」と思っているのは大人のほうであって、子どもは聞かなくていいから聞いていないだけなのかもしれません（笑）。とはいえ、大人が言ったことに対して、子どもがそれに従った行動をとってくれないと困りますよね。

子どもがしなくてはいけない、もしくは親がさせたいと思っていることであれば容赦する必要はありません。食べ歩いているときに「座って食べてね」と声をかけても聞いていないようであれば無理やりにでも座らせる。そして、食べるのか食べないのかについて返事を求めましょう。親のほうも言うだけ言って子どもの行動が伴わないままにしないこと。頭の上を言葉だけが飛び交う状況をつくって、聞けない子に育てたのは「親の声かけが原因」といった結果にならないように。**毅然《きぜん》とした態度が必要なときも**あります。

同じように「人の話を聞かない」という悩みのなかには「やることがわかっていない」というパターンも考えられます。「食べ歩きはだめよ」といった言い方では、子どもはどう行動すればいいのかわからないのかも。森のようちえん的には親が小言を言ったり、考えを伝えることは大切としていますが、小さい子の場合は意識的に具体的な言い方に変える必要があるでしょう。「自分の席に座って食べよう。机から離れるのなら食事はおしまいね」など、次の行動がわかるような言い方がおすすめです。逆に、四歳を過ぎた子どもの場合は、次の行動を自分で考える余白をつくった言い方にするといいでしょう。大人のほうも**子どもの年齢や成長段階に合わせた言い方を工夫**してみてください。

次の「公園から帰ろうとしない」というのは、また種類が異なります。これはスケジュールの問題です。子どもの時間概念は「今」と「ずーっと」だけですから、スケジュールに関しては基本的に子どもの意向を聞く必要はないといえます。ズルズルと遊びたがるときは、ピシッと切り替えましょう。一番の方法は「怒る」(笑)。強硬姿勢に出るのも一つの方法です。子どもの側からすれば「もっと遊んでいたい。お母(父)さんがうるさく騒いでいる」くらいに思っているのかも。時間の概念がわかるようになる四歳を過ぎるまでは、**親の判断で切り替える**のがいいでしょう。

以上のように、「人の話を聞けない」とひと言で言ってもその内容はさまざまです。たいていの子どもは「聞かなくてもいいことを聞かされている」と思っていることでしょう。「危ない。汚れる」などは最たるものです。「危なくないよ、大丈夫。汚れたって平気」と聞き流しているのです。「言うことを聞いてくれない」と悩む前に、まずは「本当に必要なこと？」と自分に問いかけてみてください。必要以上に言っていませんか？　言うことを聞いてくれない子に育ててしまっているのは、親御さんかもしれませんよ。

Q8 遊びに夢中になっている姿をみていると、声をかけて遊びを中断させたり終わらせてもよいのか迷うときがあります。どう考えますか？

子どもが遊びに夢中になって勝手に遊ぶというのは、とてもいい状況ですね。周りの様子はおかまいなしに、自分からやりたいことに集中できるのは、子どもにとってとてもいいことだと思います。

森のようちえんでは、子どもたちが自由に遊ぶ時間を十分に確保します。遊びの効果に関しては先述したとおりですが、遊びを通して子どもたちは大人が考えられないほどたくさんのことを学びます。泥んこでも、砂場でも、水遊びでも、棒や木の実を集めるのでも……。一見、大人から見れば「それが楽しいの？」と思うようなこと、たとえば、石を

並べる、花びらをちぎるといった単純な行為でも、子どもにとっては充実した遊びなのです。

子どもが夢中になって遊んでいるのであれば、大人が関わる必要はないでしょう。少し離れたところから見守って、「上手だね。楽しいね」と声をかけたりほほ笑んであげるだけで子どもは満足し、さらにもっと遊びの世界に入りこんでいきます。子どもがキラキラ輝く瞬間です。ときには「お母（父）さん、一緒に遊ぼう。お料理作ったから食べて。お店屋さんをするから買いに来て」など、子どもが大人を誘いにくるかもしれません。親が応えてくれるのは、子どもにとってうれしい時間。ぜひ親子で楽しんでください。

質問にあった終わらせ方、中断の仕方についてです。大人の都合で子どもの遊びを終わらせることは仕方のないことだと思います。遊び終わるまで待てる状況であれば待ってあげればいいですし、大人の都合で打ち切ってしまうのもかまわないでしょう。**子どもは集中して充実した時間を過ごせたほど、次の行動への気持ちの切り替えは楽**になります。遊び切った満足感とともに親の言葉を受け入れやすい状態にあるといえるでしょう。まずは、子どもの気持ちを尊重した声かけがポイントです。「遊んだ人が自分で片づけるのよ」なんて小言は胸の中にしまっておいて、「そろそろお母（父）さん用事があるの！　一緒に片づけて終わりにしましょう」。そんなふうに声をかけてあげてください。充実した遊びと気持ちのいい終わらせ方、実践できるといいですね。

Q9 「しつけ」といいますが、何歳ぐらいから、どう教えはじめればいいですか？

「しつけ」という言葉は意味が広いですね。

大きな声を出さない、走らない、しゃべらない……など、いつもはしていいことが、ある時ある場所では、禁止されてしまう。しつけや礼儀作法というのは、大人の都合（社会の秩序）に合わせて守るものですから、子どもにとって気持ちのいいものとは限りません。

叱られたり、注意を受けたり、きつい言い方をされながら覚えていくものであり、子どもにとっては厳しいものに映るでしょう。もちろん、親のほうもその境目をはっきりさせてピシッとやる必要があります。

子どもは不本意だと思うにちがいありません。その不本意な世界に従うためには、前提としてちゃんとした親子関係が成立していなくてはならないと思います。ちゃんとした親子関係というのは、お父さん、お母さんが自分を受け入れてくれている満足感、認めてくれている安心感、愛されているという充足感を子どもが感じている関係という意味です。厳しくて不本意な世界を受け入れるためには、一方で、子どもが気持ちよく過ごせる世界が必要だともいえるでしょう。親が本気で向き合えば子どもも本気で応える、これこそが森のようちえん的子育てです。親は自分の感性を信じて、本気で向き合うだけでいいのです。自然と、充実した親子関係が成り立つことでしょう。

子どもが小さいうちは、しつけの面ばかりが強調される状況でも素直に従います。しかし、親子関係が築けていなければ、ある年齢になった時、反発心が一気に爆発してしまうかも。それでは今までの努力が意味をなしません。一方で、親子の充実した時間としつけの時間のバランスがとれている家庭ではそんな問題は起こらないでしょう。かえって、年

齢に比例して子どもの自覚が進んで、親がしつける機会はどんどん減っていくはずです。
しつけを始める年齢は、一歳でも二歳でも小さいうちから始めてかまわないでしょう。小さいうちは説明しても理解できないでしょうから、理屈よりもダメなことをはっきり伝えたほうがいいですね。年齢によっては守れない場合がありますし、守れたとしても持続時間が短いと思います。そのときに**親が過度な要求をするのは無意味**です。静かにできないなら部屋の外に出る、走るなら手をつないで歩く、おしゃべりするなら別の場所に移動するなど、言葉で伝えるのと並行してその場から物理的に遠ざける方法で対応するとよいでしょう。

Q10

大婦共働きです。平日はもちろん週末も、子どもの相手が十分にできていません。生活技術を教える時間がとれず困っています。

第二章でもお話ししましたが、生活技術（お手伝い）はご家庭でしか教えられないことなので、ぜひ親御さんに教えていただきたいと思っています。

子どもたちは、三～四歳になると年齢の近い子どもたちの集団で生活するようになります。子ども同士の人間関係が形成されて、子どもたちは大きく成長します。心と体のバランスが少しずつ整い、大人の言葉を理解して動けるようになり、手先が器用になるのが、ちょうどこのころです。そのときこそ、親子で始めるチャンス。子どもの体験の機会を増やすためにも、お手伝いは有効な手段です。

森のようちえん的子育ての観点からすると、興味をもてるように大人がうまく誘うこともポイント。子どもにもその日の気分や都合があるでしょう。そこを無理強いさせても仕方ありません。でしたら、**お休みの日にイベント的に誘う**のはいかがでしょう。お母さんを喜ばせようとお父さんと一緒に料理に挑戦したり、お母さんとお菓子を作って友だちにプレゼントしたり……といった感じでもいいと思います。お手伝いのつもりが遊びに発展

してしまってもかまいません。子どものやる気をうまく利用して体験を増やし、ご家庭でしか教えられないことを伝えていただければ十分です。

子どもが覚えるまでは根気と時間が必要ですが、きちんと教えればしっかり覚えてくれます。そのうちに任せられるようになれば、これほど親が楽になる方法はありません。小学校高学年にもなれば、「帰りが遅いから食事はよろしくね」のひと言で、料理を作っておいてくれるかも。忙しい朝に夕食の準備までして出かけるのは大変ですよね。そんなときに「食事はよろしくね」のひと言で済めば本当に楽です。何年か先を夢見て、ぜひ、生活技術を教える時間を積極的につくってください。

Q11

「ご褒美をあげるコツ」について詳しく教えてください。一度あげると、どんどん欲求が強くなりそうで心配です。

ふだんからお手伝いを頼む機会を増やして、それに応じてご褒美をあげるのはいいことだと思います。「ご褒美が欲しくてお手伝いをしたがる」となってしまっては本末転倒ですが、「お手伝いをした結果、ご褒美がもらえる」というのは子どものやる気にもつながりますし、良いことではないでしょうか。欲求が強まるという点も、子どものほうも心得ているでしょうから、さほど心配することはないでしょう。

大人のほうも、「ご褒美をあげるからお手伝いしてちょうだい」と頼むのはやめましょう。また、毎度毎度お手伝いをするたびにご褒美をあげる必要はありません。何かの節目に「いつもお手伝いをしているから。お手伝いをしてくれてありがとう」という気持ちでご褒美をあげるのがいいでしょう。その最たるものが誕生日のプレゼントやお年玉だったりするわけです。ふだんは「**ありがとう**」**の言葉だけでも気持ちは十分に伝わります**。年に何度かのイベントを利用してご褒美をあげるのが子どもにとってもうれしいことだと思います。

また、ご褒美は一人ひとりにあげなくてもいいと思います。子どもの人数が多いご家庭では、その都度の出費も大変ですね。「いつもがんばっているから、みんなで食事に行こう」といった家族みんなへのご褒美という形でも気持ちはちゃんと伝わります。いつもの食事のあとに、特別なデザートがあったり、アイスクリームを食べたりするのは、大人だってうれしいものです。

そういった思い出は、子どもの人生のなかで大切な記念になるでしょう。大人になっても心に残るよい思い出です。ぜひ、取り入れてみてください。

きょうだいの悩み

Q12

義父母や親戚から「きょうだいはまだか」と聞かれてストレスに感じています。きょうだいは必要でしょうか？

子どもの人数は、ご家庭の事情やご夫婦の考え方によるものですから、私がどうこういうとカドが立ちます（笑）。ただ、義理のご両親に聞かれれば、言いかえすことも否定することもできないでしょうから、ストレスに感じてしまいますね。お察しします。

親御さんの時代は、きょうだいの人数も多かったでしょうし、近所にも子どもの集団があったでしょうから、今の時代とはあまりにも違います。きょうだいがいるのが当たり前だと思っていらっしゃることに対して、あまり気にせず、聞き流したほうがいいでしょう。

とはいえ、きょうだい関係があれば、そのなかで育つ部分はたくさんあります。兄弟姉妹は、親とも友だちとも少し違う、斜めの関係です。次の項でお話ししますが、きょうだ

いげんかを通じて、子どもたちはコミュニケーション力や社会性、人間関係を学びます。

　では、一人っ子ではその部分が育たないかといえばそんなことは決してありません。親や友人との関係からコミュニケーション力や社会性、人間関係を身につけます。特に、親とのやりとりのなかで大きなものを得て成長することでしょう。一人っ子の場合、親の働きが大きいのは事実ですね。

　また、きょうだいがいるから集団的な子どものグループ（保育園や幼稚園）に入れなくてもいいのかといえば、そんなこともありません。きょうだい関係はあくまでも家庭の中の話。外での子ども同士の関係や園での集団生活とはまた別の話です。私は、三歳を過ぎた子どもたちには集団生活が必要だと考えています。同年齢の子ども同士の関係を通じて、いっそう大きく成長していくのです。ですから、家庭の中のきょうだい関係と、集団での人間関係は別々のものとして切り離して考える必要があります。

お子さんの人数は、神のみが知るものです。今、**目の前にいるお子さんとの時間を十分に満喫して**ください。

Q13

息子たちはいつもきょうだいげんかばかりでうんざりしています。どうしたらきょうだい仲良く過ごせますか？

きょうだいの年齢が近いほど目につくのが「きょうだいげんか」ですね。「また、やってるの！　いい加減にしなさい！　ちょっかい出さないの！」と怒ってばかりでは、当の子どもたちよりも親のほうが疲れてしまいます。

では、きょうだいは何のためにいるか――を考えてみましょう。答えは……「けんかをするため」と考えれば楽になりませんか（笑）。

それくらい、きょうだいげんかは日常的に起こります。一日に数え切れないほど何回もありますし、毎日毎日顔を合わすたびに繰り返されますから、子どもにとってはごくごく自然なことなのです。ですから、きょうだいげんかのない状態にするのは不可能でしょ

う。きょうだいげんかをなくそうと考えることと自体が不自然なのです。親としては、けんかは無駄と思いがちですが、きょうだいげんかも成長に必要なコミュニケーションの一つととらえましょう。

では、きょうだいげんかが起きたとき、ご家庭ではどんなふうに対応しますか？

それぞれの気持ちをちゃんと聞いて平和的に解決する、親の一喝でおさめようとするなど、いろいろな方法があることでしょう。基本的には、それぞれの家庭の方法・考え方でかまわないと思います。**親にとってストレスがなく、最もやりやすい方法で対応するのが一番**でしょう。お父さんが怒鳴ると雰囲気が悪くなる……なんて問題を生むかもしれませんが、これも家族ですから、あって当然。やり方にいいも悪いもありません。一番大切なのは気持ちを切り替えることです。親のほうも、一喝したらけんかは終わったものとして気持ちを切り替えて平常に戻りましょう。子どもにとっては、ガツンと怒られたほうが気持ちを切り替えやすいかもしれませんね。別々の部屋に分かれてそれぞれが気持ちを静めるのもいいでしょう。目標は、自分自身でスイッチを切り替えられるようになることです。そうして、少し時間をおいてから、「また一緒に遊ぶ？　けんかをしないで遊べる？」と声をかければ、子どもたちも気持ちが切り替えやすいと思います。

きょうだいげんかは永遠に不滅です（笑）。きょうだいげんかを利用して何を育てるか？その部分を見誤らないようにしたいものです。

Q14 きょうだいげんかがエスカレートして手や足が出るときは、どう対応したらいいですか？

親御さんがそれを見て耐えられるのであれば、**様子を見ながらやらせておけばいい**と思います。もちろん、治療が必要なケガをする手前では止めなければなりません。本人にとっても家族にとってもケガだけは避けたいですね。でも、けんかは発散ですから、もやもや

した気持ちをぶつけて解消するためにも多少はやらせてあげてほしいと思います。
どのタイミングで、どんな方法でけんかを止めるか、悩むかもしれませんが、すべて親の判断でかまわないでしょう。
手があがったと同時に「ぶっちゃダメ」と制止してしまうのではなく、少しやらせてあげましょう。森のようちえん的子育てでは、体験の機会をできるだけ増やすことを大切にしていますが、きょうだいげんかを体験の一つと考えてみてもいいかもしれません。これ以上やっても生産性はないし、互いに痛い思いをするだけだと子ども自身が悟った時点で制止すればいいでしょう。物理的に引き離してもいいし、「いい加減にしなさい」と怒鳴ってもいい。マンガの世界のようにバケツの水を頭からかけるなんて方法もあります（笑）。子どもたち自身ではブレーキがかけられない状態なので、気持ちを切り替えられるように親が制止してください。「怒る、怒鳴る」は、気持ちを切り替えるためのきっかけです。ターニングポイントにすぎませんから、親のほうも怒ったらすっきりおしまいにしましょう。

大人だって、モヤモヤした気持ちのときには、お酒を飲んだり、趣味に没頭したり、スポーツで汗をかいたり……と気持ちを切り替えようとしますよね。ジーッと考えていては、気分転換はできません。やはり、行動に移さないと気持ちは切り替わらないものです。きょうだいげんかも同じこと。次への転換として必要なことなのです。気分を切り替えるための無意識による行動だと考えましょう。

Q15　妹は、何でも姉と同じことを要求します。きょうだいは平等に扱うほうがいいですか？　年齢の違いを教えるコツはありますか？

きょうだいの中で年齢の差をつけられるというのは、子どもにとっては納得がいかない話でしょう。基本的には、きょうだいは同等の扱いをし、違いはつけないようにするといいですね。

でも実際のところは、きょうだいは年齢が違えば能力にも違いがあります。小学生向けの少年野球チームなど、弟は年齢の関係でまだ入れないといった状況はよくあることです。こういった例はほかにもたくさんあるでしょうが、年齢が小さいからできないのは仕方ありません。弟妹の年齢が小さくて理解できなければ適当にごまかせばいいでしょうし、理解できる年齢であれば大人が説明すればいいでしょう。

ほかの例として、たとえば親に叱られるときはどうでしょう。年齢の違いにかかわらず、やってはいけないことをしたときは叱られたり怒られたりするのは当然です。叱り方はできるだけ同じ程度がいいでしょう。でも、年齢の大きい子が小さい子と同じ振る舞いでいいのか、これを教えることは重要です。年齢の違いを利用して、大きい子が自覚的に行動することの大切さを学ぶ機会にもなります。弟妹たちも、自分にできる・できないといったことはある程度わかっている場合が多く、あまりにも複雑だったり高度な内容のことは要求しません。お姉ちゃんに自転車を買ってあげても、妹はおさがりの三輪車で満足するといった感じです。たいていは、おもちゃやお菓子といった年齢に関係ないもの、大人が見ればくだらないものを欲しがったり、「ずるい！」と主張したりするものです。一つのおもちゃを一緒に使うのか、一人に一つずつお菓子を買うのか、その判断はご家庭の

考え方にお任せします。どちらの方法を選んでもかまいません。

要は「きょうだいを同じに扱う」というのは、まったく同じではないことを理解していただけましたか？「平等」ではなく「同等」だということです。きょうだいそれぞれに同じサイズの服を着せないのと同じこと。**身の丈に合わせた扱い方を選ぶ**ということです。上の子に少し高いハードルを設定したり、下の子のハードルを少し低くしたり。上の子のゴールを延ばすか下の子のゴールを短くするか。どういったハンディをつけるかは、その時々の判断によるでしょう。森のようちえん的子育てで繰り返しお伝えしてきたように、子どものありのままの姿を受け止めると、それぞれに必要なハンディが見えてくるはずです。

親（大人）の悩み

Q16

引っ越してきたばかりで近所に知り合いがいません。子どもにも私にも友だちが欲しいと悩んでいます。

近所に知り合いがいない場合、子ども同士を遊ばせたり、親同士がおしゃべりする相手が欲しいなら、地域の育児サークルを自分の足で探すのがいいでしょう。雰囲気がよかったり、波長が合いそうな育児サークルをいくつも、そして何回か通ってみるのが一番です。ポイントは、子どもがどうこうではなく、**あくまでも親御さん自身の居心地を最優先で見極めること**。一つや二つに参加しただけであきらめず、いくつも参加するうちに、必ず、自分にぴったりの育児サークルが見つかります。

その際、活動内容を気にする必要はありません。就園前の子どもを対象にした園主催の活動に参加するときも、あくまでも親御さんの居心地を最優先にしてください。うちの子は活動に興味を示さない、チョロチョロ動いて落ちつきがない、と悩む必要もないでしょ

う。集団生活のスタート前ですから、この段階では当然です。むしろ、親御さんの気持ちが穏やかになった途端、子どもがスッと興味を示してグループに入れる場合もあります。

一方で、趣味を通じた友人がいて、別に育児サークルは必要ないと感じているのであれば、わざわざ育児サークルを探す必要はありません。大事なのは大人の居場所です。子育ての不安をしゃべったり、姑の不満を愚痴ったり、料理の話、おいしいお菓子の話など、雑談をすることでストレス解消につながればいいのです。おしゃべりのなかに意味のあることを求めようとする方がいるかもしれませんが、その点も重要ではありません。あくまでも雑談。何気ない会話から子育てのヒントを得たり、悩みを相談して気持ちがスッキリしたり、おいしいランチを食べてリフレッシュしたり。親がワイワイおしゃべりして、ニコニコしている様子を見て、子どもも安定することでしょう。育児サークルだけでなく、ママたちのランチ会や友人同士の女子会も、すべては親がリフレッシュするためですから、一時預かりなどのサービスを利用するのもおすすめです。

もちろん、人と話すのが苦手だとか、自宅で手芸をしているほうが落ちつくといった方は無理して育児サークルに出かける必要はないでしょう。親が落ちついた気持ちで子どもと向き合ったり、子育てに関われるのが一番ですから、友だちとおしゃべりをしたいタイプの方は出かければいいですし、趣味の時間を過ごしたい方はそうすればいいだけの話。出かける機会が少ない子は、子ども同士の集団や大人に対する慣れが少ないかもしれませんが、それはさほどの問題にはなりませんのでご安心を。

Q17

近所に「自然」と呼べるような場所がありません。子どもには自然に触れてほしいと思っていますが、どこで遊べばいいでしょう？

私が住んでいる長野県は、長野市や松本市などの中心市街地でもすぐ近くに里山や田園風景が広がっています。ですが、東京や大阪といった大都市では「自然」と呼べる場所が見つけにくいかもしれませんね。まずは、自宅の周りに何があるのか、情報を集めてください。公園、児童館、子育てセンター、保育園、博物館や動物園など。自然だけが子育てのポイントではありません。まずは、周りの環境を利用しながら子育てするのが一番です。

そのなかで「自然」というキーワードで子育てをしたいと思うのであれば、足元や周りにちょっと目を向けてみてください。花壇があったり、街路樹が植えられていたり、公園にシンボルツリーのような大きな木が植えてあったり。もしくは、アスファルトの裂け目にタンポポが咲いていていたりはしませんか？　**子どもの気づきには、そんなちょっとした自然で十分**です。要は、そういうものに目が向くか、気づけるかがポイントなのですから。たった一本の木であっても、季節ごとに表情は変わります。その変化を感じるだけでも十分といえるでしょう。

私が日ごろから「自然・森」と言っているのは、その環境が、子どもが興味関心をもちやすいものに満ちあふれているからです。活発な子も、おとなしい子も、腕白な子も、お花が好きな子も、虫が好きな子も、木登りが好きな子も、食いしん坊な子も、お料理が好きな子も、お絵描きが好きな子も。どんな子でも興味関心をもてるのが、自然であり森と

いう環境だと私は考えています。森のようちえんでは、保育のなかで自然のことを学習するのではありません。「自然」という素材を使って、子どもの内発的な感情、自主性、自立的な行動を育てようとしているのです。これは、森のようちえんの考え方でもとても重要な点です。

もちろん、もっと自然の中で遊ばせたい、子どもにとって自然が大切だと思われるのであれば、週末や夏休みなどの連休にご家族でお出かけください。ドライブやキャンプなどダイナミックな自然を感じること自体はとても有意義だと思います。

それから、最後にもうひとつ。あくまでも、自然と触れ合う頻度は多いほうがいいという単純な話ではないことをお忘れなく。大人でも、アウトドア派とインドア派がいるように、子どもでも野外で遊ぶのが好きな子と室内で遊ぶのが好きな子がいるのは当たり前のこと。野外に連れだす頻度で子どもの成長が決まるわけでは決してありません。

Q18 叱り方がきつくなってしまい悩んでいます。上手な叱り方はありますか？

これまで、子どもの気持ちやその場の雰囲気を切り替えるために、親の一喝は有効だというお話をしてきました。また、親御さんが子どものために本能の部分で怒ることはたいていの場合、正しいことが多いから気にしなくても大丈夫というお話もしました。森のようちえん的子育てでは、**一生懸命子育てをしている親御さんが子どものためにやることで間違っていることはない**ととらえます。たとえその一瞬に理性をなくして怒鳴ってしまったとしても、です。

ですが一方で、子どもと本気で向き合っているときには、一瞬でもいいから理性の部分を思いだしてほしいとも願っています。叱り方がきつくなってしまっても、子どもが恐怖を感じるほどに怒るのはいいことではありません。それはどなたが考えても当然のことで

しょう。一度や二度であれば子どもは立ち直れますが、日常的に恐怖を感じる状況では子どもはどんどん不安になっていきます。

子どもたちは、どんな恐怖であっても、一方で安心できるものがあればもちこたえて乗り越えることができます。夜中にトイレに行く場面を想像してみてください。夜中に真っ暗ななかでトイレに行くのは子どもにとってはとても怖いことです。そんなときでも、親が一緒に起きてくれる、ついて来てくれるという安心感があれば、その恐怖を乗り越えることができるというわけです。

親だって人間ですから、ニコニコしているときとイライラしているときがあっていいでしょう。両方あって当然です。だから、怒って般若のような怖い形相の親がいてもいいのです。無理に我慢したり、取りつくろってばかりいてストレスをためる必要はありません。そのかわり、ちゃんと、ニコニコしたやさしい親も必要なのです。その割合は、だいたい七対三くらいと覚えておいていただければと思います。怖い親が三で、優しい親が七です。逆では困りますよ。くれぐれも（笑）。

Q19 子どもの前で夫婦げんかをしてしまいました。トラウマにならないか心配です。

さきほどの叱り方と同様で、夫婦げんかはしないほうがいいに決まっています。それは誰もが納得するところでしょう。それでも、どこの夫婦もけんかをしてしまいますよね。であれば、**夫婦げんかの場面と仲の良い場面は、三対七の割合で見せられるように心がけましょう。**四対六や五対五だと、子どもが「お父さんとお母さんは仲が悪いのかも」と不安になってしまうかもしれません（笑）。

子どもは夫婦げんかの内容を理解することはできません。内容がわかれば、「こんなことで（笑）」と受け流してくれるでしょうが、あくまでも「大好きなお父さんと大好きなお母さんがけんかをしている」という強烈な印象しか残らないのです。

うちも夫婦げんかはいっぱいやりましたよ。今になれば、子どもたちは本当にかわいそうでしたね。うちの場合は、意見のくい違いをきっかけに始まって、だんだんエスカレートして……。お互いに触れられたくないところを攻撃してはヒートアップしていました。振り返ると、年中やっていましたね（笑）。

夫婦げんかがあまりにも日常になってしまうと、この雰囲気だとけんかになるなーとか、いやな感じがするなーと子ども自身が感じるようになってきます。そうなると、やはりかわいそうですね。そこはやはり、お父さんとお母さんは仲が良いんだよということを示してあげてほしいと思います。特別なことをする必要はなく、おいしそうに食卓を囲むだけでも十分伝わるでしょう。「お母さんのごはんおいしいね」「お父さんはいつも仕事をがんばっているね」といったお互いに感謝する言葉が聞ければ子どもはさらに安心します。お父さん・お母さんの誕生日に互いにプレゼントを買ったり、ケーキを焼いたりすれば、子どもの気持ちは安心感で満たされることでしょう。

私もそうですが、「夫婦げんかをしない」という理想を掲げてもそれは無理な話です。現実に夫婦げんかをしているわけですから、その現実を受け入れて、そのうえでの最善策を考えればいいのです。これは、夫婦げんかに限らず、いろいろな場面でも使える、有効な考え方といえるでしょう。

Q20 習い事をさせたいと考えています。おすすめの習い事はありますか?

何を習わせるか……。これはそれぞれのご家庭の事情や好みに合わせて決めていただければいいでしょう。習い事を大まかに分けると、体を動かすタイプと頭を使うタイプになると思いますが、どちらを選択してもかまいません。森のようちえん的には、体験・経験から得られる成果よりも、その体験をすること自体が重要だと考えます。ですから、**習い**

事はあくまでも、経験を広げるためのものだととらえると良いでしょう。

私が一番気になるのは、習い事の種類ではなく、習い事に熱中するばかりに生活技術的なことがおろそかになってしまうことです。知識が先行して頭は良いけれども、手は動かないし要領が悪いといったアンバランスな子になってはどうしようもありません。

昔の子どもたちは、勉強は多少できなくても頭のきれる賢い子が多かったように思います。メンコやベーゴマといった昔ながらの遊びのなかには、状況を読み取ったり、裏をかいたりする戦略的な要素が多いのかもしれませんね。また、勉強は苦手でも、刃物を上手に使えたり、工作が得意だったり、運動能力がバツグンだったり。要領、器用といった面でも、それぞれに優れた子がいたものです。昔の子どもたちは、それらを遊びのなかから学んでいました。遊びには筋力も体力も知力も人間関係も、数え切れないさまざまな要素がつまっていて、それらが複雑にからみあっています。思う存分遊ぶことから主体性、自主性、協調性が育まれます。これこそ、森のようちえんらしい子育てといえるでしょう。子どもの遊びは本当に完璧なのです。

習い事をやりたいという子どもの気持ちに水を差すつもりはありませんが、その合間にも、遊ぶ時間や生活技術を覚える時間は確保していただきたいと切に願っています。

内田幸一（うちだ こういち）

飯綱高原ネイチャーセンター&冒険あそびの森（長野市）代表
森のようちえん全国ネットワーク 運営委員長
長野県野外保育連盟 理事長
野あそび保育みっけ（長野県飯田市）園長

1953年12月13日、東京生まれ
東京写真専門学校報道写真科卒業
和光大学人文学部人間関係学科卒業
1977年、私立鶯谷さくら幼稚園に勤務する
1978年、野外教育クラブ設立。東京近郊の野山にて小学生対象の自然体験活動を展開
1980年、西ドイツのシュタイナー学校・幼稚園を視察
1983年、飯綱高原で子どもの森幼児教室開園。以後20年間、主宰代表を務めるかたわら、さまざまな幼児教育活動を展開
1990年、第1回写真展「長靴をはいた天使たち」開催。2007年までに計4回の写真展を開催
1994年、飯綱高原にネイチャーセンターを開設。幼児・児童の自然体験活動の推進および指導者育成を行う
2005年、学校法人いいづな学園設立。グリーン・ヒルズ小学校開校。こどもの森幼稚園開園
2016年4月、長野県下伊那郡阿智村で私立小学校開校予定（清内路子どもの森小学校設置認可申請準備中）

森のようちえん的子育てのすすめ
年齢別アドバイスとQ＆A

2015年5月1日　第1版第1刷発行

著　者　内田幸一 ©
発　行　株式会社 解放出版社
552-0001 大阪市港区波除 4-1-37 HRC ビル 3F
TEL 06-6581-8542　FAX 06-6581-8552
東京営業所　101-0051 千代田区神田神保町 2-23 アセンド神保町 3F
TEL 03-5213-4771　FAX 03-3230-1600
振替 00900-4-75417　ホームページ http://kaihou-s.com
写真提供　内田幸一
写真モデル　こどもの森幼稚園、野あそび保育みっけの子どもたち
イラスト　大日方悠
装幀　森本良成
本文レイアウト　伊原秀夫
印刷・製本　モリモト印刷株式会社

ISBN978-4-7592-6767-9 C0037 NDC376 110P 19cm
定価はカバーに表示しております。落丁・乱丁はおとりかえします。

解放出版社の本

森のようちえん　自然のなかで子育てを

今村光章 編著

A5判・口絵7頁＋176頁　定価1900円＋税　ISBN978-4-7592-6746-4

自然のなかでいきいきと遊ぶ森のようちえんの子どもたちの姿を描写するとともに、日本とドイツでの活動を本格的に紹介。その保育の成果・課題・意味について掘り下げる。

ようこそ！ 森のようちえんへ　自然のなかの子育てを語る

今村光章 編著

A5判・口絵7頁＋120頁　定価1400円＋税　ISBN978-4-7592-6761-7

初の森のようちえん入門書。四季を通じ自然豊かな場所で子育てをする保育者が、活動への経緯、内容、保育への思いなどをつづり、その魅力と可能性をわかりやすく伝える。

みんなちがって、つながる・ふかまる　障害共生保育への招待

戸田有一・山本淳子・森本優子・椎葉正和 編著

A5判・231頁　定価1900円＋税　ISBN978-4-7592-2250-0

障害共生保育は、あいだにある障害を共に生きる保育。周りの子どもたちや保育者とのかかわり、保護者の思いや悩みなどの日々のドラマをインタビューと共に紹介する実践集。

子どもの人権力を育てる　尊敬を軸にした人権保育

玉置哲淳

B5判・158頁　定価2000円＋税　ISBN978-4-7592-2248-7

「普通の保育としての人権保育」を説く著者がその内実の中核に「子どもの人権力」を提案。尊敬、公平、反偏見の３つを人権のトライアングルとし、「尊敬」を中心に具体的に論述。乳幼児期からの人権保育の新しい方向性を探る。

絵本と子育てのおいしい関係

林田鈴枝

A5判・160頁　定価1400円＋税　ISBN978-4-7592-2242-5

感性を育む最も大切な乳幼児期の絵本実践を中心に「絵本を読んでもらったことがないので、どうしたらいいかわからない」保護者の悩みに応えた実践、子どもの声など具体的に紹介。